保育ナビ
ブック

幼稚園・保育所・認定こども園のための
法律ガイド

木元有香（弁護士・鳥飼総合法律事務所）

はじめに

　本書をお手に取ってくださりありがとうございます。

　私は、保育施設の顧客を多く担当する弁護士です。一方、保護者としては幼稚園、認可保育所及び認可外保育施設を利用した経験があります。また、保育士資格を有しています。

　本書は、幼稚園、保育所、認定こども園、地域型保育、そのほかの認可外保育施設を「園」と総称し、園で起こる問題について、現場（利用者と保育者）の視点を背景にもちつつ、法律家の立場から解説している本です。読者層として、園の経営に携わる方と園で働くすべての保育者の方々を想定しています。

　第1章では、弁護士への相談の方法と、園児の事故の責任について法律の一般的な知識を記載しています。

　第2章から最終章までは、個別具体的な問題をテーマごとに設定し、回答と解説を記載しています。

　設問のテーマは、保育者の方々から研修を求められたり、現実にご相談を受けたりしたものです。そのため、読者の方々にとって身近なテーマが取り上げられていることと思います。どうぞ、気になるテーマから読んでみてください。

　ここで、1つお願いがあります。本書の設問は、主に、「園はどのような責任を負うのか」という問いかけとなっています。そのため、「園の責任」であれば、経営陣や、園長や、せいぜい主任クラスが考えればよい問題だと考える保育者の方がいらっしゃるかもしれません。

　しかし、例えば、保育事故が起こった場合、まず真っ先に批判の矛先が向かうのは保育者個人ですし、刑事責任を問われるのも、事故を起こしてしまった保育者個人です。経営陣や園長が管理責任や使用者責任を負うことは、事故を起こした当事者である保育者個人の責任を免除することと同じではありません。どうぞ、他人事とは思わず、自分の問題として捉えてください。

　また、問題が起こってから、「あの時こうしておけばよかった」では遅いという問題もあります。園に生じる様々な状況を想定し、何をどのようにしておくのがよいのかを日常から考えていただく契機となれば幸いです。

　本書が、安定した園の運営や充実した教育・保育のために役立つことを望みます。

鳥飼総合法律事務所
弁護士　木元有香

もくじ

幼稚園・保育所・認定こども園のための法律ガイド

はじめに …3

第1章 知っておきたい法律の基本
- ❶弁護士に相談するのはどんな時？…6
- ❷園児の事故についての「法律」と「責任」…8

第2章 園で気になる法律の問題
- ❶安全・健康への配慮
  - ①アレルギー対応…14　②エピペン®の使用…16
  - ③園でのけが…17　④園での病気…18
- ❷感染症への対応
  - ①新人保育者がインフルエンザにかかったら…20　②HIV（ヒト免疫不全ウイルス）への対応…22
- ❸危機管理・災害への対策
  - ①降園後の園庭での事故…24　②プール事故…26　③遊具事故…28
  - ④お泊まり保育の事故…30　⑤災害時の園バスの事故…32

第3章 保護者への対応
- ❶保護者と園との契約関係…34
- ❷重要事項説明書や入園のしおり・パンフレット…36
- ❸インターネット風評被害…39
- ❹保護者からのクレーム
  - ①先生が子どもを叩いた…40　②保育内容への不満…42
  - ③職員への不信感への対応…44　④理不尽な要求が続くので転園をお願いしたい場合…46
- ❺保護者同士のトラブル
  - ①保護者間のいじめ…47　②保護者が離婚協議中の対応…48
- ❻多様性を認める社会へ
  - ①バリアフリーへの対応…49　②発達障がいの子どもへの対応…50

第4章 職員への対応
- ❶時間外労働や休憩時間に関する配慮事項
  - ①36協定…52　②休憩時間の考え方…54　③休職・復職…55
- ❷職員内でのハラスメントに関する対策
  - ①ハラスメントの予防…56　②パワーハラスメント…58
- ❸職員の採用または継続での配慮事項
  - ①採用に関する質問項目…60　②試用期間…62　③インターンシップ…64
  - ④職員の解雇…66　⑤非正規職員の雇用の延長…68
- ❹職員の不祥事への対応
  - ①職場恋愛の禁止…69　②園内のものがなくなった時…70
  - ③職員が個人情報を流出させてしまった時…71　④内部通報・ホットライン…72
  - ⑤横領やわいせつ事件が発生した時…74

第5章 地域とのかかわり
- ❶騒音の苦情への対応…76
- ❷建築、園庭の建物増築 …78
- ❸嫌がらせへの対応…79

第1章 知っておきたい法律の基本

弁護士に相談するのはどんな時?

Q 弁護士さんには、どのようなタイミングで、どのような方法で相談すればよいですか？ 事件や事故がない限りは、相談できないのでしょうか？

事件・事故や紛争が起こってしまった場合は、解決までに長い時間と多くの労力や経済的な負担がかかりますので、早めの相談が大切です。

大前提

本問に対する回答は、いわゆる弁護士個人の価値観や考え方により、回答が異なることが十分予想されます。したがって、以下はあくまで筆者の個人的な見解に基づく回答です。

最も望ましい理想的な姿

園が自覚している困りごとがない段階でも、弁護士が定期的に園での研修などを行い、日ごろから密に園と弁護士とで情報交換をします。そしてもしも園が気づかずに犯しているルール違反などがあれば、それを弁護士が指摘するのが、筆者の考える最も望ましい姿です。

現実的に望ましい姿

とはいえ、現実的には、弁護士に相談すると費用が発生します。そのため、身内に弁護士がいるとか、園で組織内弁護士を雇っているとかいう状況ではない限り、最も望ましい姿は、現実には難しいかもしれません。

ただし、園が少しでも違和感をもつ出来事があれば、それは、園のこれまでの経験に照らしてなんらかの問題が生じる予兆があると考えてよいと思います。この場合には、すぐに弁護士に相談することが、費用や労力がかからずに、問題を発生させずに済むいちばんの方法ではないかと考えています。

現実に多い姿

現実には、園で問題が生じた後に、しかも、問題がこじれて、園の手に負えなくなってから、いよいよ弁護士に相談するケースが圧倒的に多いのではないでしょうか。問題がこじれ、特に、裁判になってしまうと、解決にいたるまで、長い時間と多くの労力・気力とともに大きな経済的負担が必要となります。

また、問題が生じる前であれば、とり得る防止策の選択肢はたくさん考えられますが、実際に問題が生じてしまった後では、とり得る解決策の選択肢は狭まりますので、早めの相談をお勧めします。

相談の方法

園に顧問弁護士がいる場合には、面会、電話、メール、FAX等、適宜とり得る方法で相談をしていると思います。

園に、知り合いの弁護士、知り合いから紹介を受けた弁護士などの信頼できそうな弁護士に心当たりがない場合もあるでしょう。そのような場合には、近くの弁護士会に相談する方法が考えられます。そうすれば、問題の内容に適した法律相談窓口だったり、法律相談担当弁護士だったりを案内してもらえることでしょう。

市区町村で無料の法律相談を実施している場合もあります（法律相談の対象者は個人に限られる場合があるので、事前に確認してください）。弁護士会の案内する法律相談や市区町村の行う法律相談の場合、初回は、比較的短時間の面談か、電話相談であることが多いので、あらかじめ相談内容をまとめて、効率的な相談ができるようにするとよいでしょう。

第1章 Ⅱ 園児の事故についての「法律」と「責任」

Q 法律と聞くと難しそうでよくわかりません。基本的な法律の考え方と、園との関係について教えてください。

法的責任とは、法律に基づく責任のことで

民事上の責任

刑事上の責任

行政上の責任

この3つがあります

民事上の責任

保育者　園長　法人など

園の事故で園などが金銭的な責任を負うことです

損害賠償請求を受けます

刑事上の責任

いちばん問題となるのは業務上過失致死傷罪（刑法211条）

これは業務上必要とされる注意を怠ったために人を死傷させてしまった場合に問われる罪です

行政上の責任

園児の事故が園の守るべき基準を違反したことにより生じた場合

行政罰　認可停止　認可取り消し

などの処分が下されることがあります

専門家に相談のうえ対処するようにしましょう！

第1章 知っておきたい法律の基本

第2章 園で気になる法律の問題

第3章 保護者への対応

第4章 職員への対応

第5章 地域とのかかわり

園で園児の事故が起こった場合を例に、説明します。

園や園児や園の職員等に何か問題が生じた場合、どのような法律に基づき、どのような責任を負うかについては、問題の内容に応じて、様々なものが考えられます。

ここでは、園にとっていちばん関心が高いと思われる、園で園児の事故が起こった場合に、園や園の関係者がどのような「法律」に基づいて、どのような「責任」を負うのかについて大まかに説明します。

まず、責任は、〈1〉道義的責任と〈2〉法的責任の2種類に分けられます。

道義的責任・法的責任

〈1〉道義的責任とは

道義的責任とは、法的責任ではないが、人としての道徳上、倫理上の責任です。園児の事故の場合、具体的には、「園児にけがや痛い思いをさせて、園としての責任を感じ申し訳なく思う」というような責任を指します。

「法的責任の有無がわかる前に、園は謝罪してもよいのでしょうか？」と、質問を受けることがあります。法的責任のある・なしにかかわらず、園で園児の事故が起きた場合、すぐにこの道義的な謝罪をすることを、個人的にはお勧めしています。

道義的な謝罪を行うにあたっては、それが法的責任を認める趣旨だと誤解されないように、表現には留意する必要があり、「園に責任がある」「損害を賠償する」あるいは、「費用を負担する」などといった表現は避けるべきですが、園児がけがをしたということについて端的に園として申し訳なく思っている旨を伝えるなど、道義的な謝罪をすることで保護者の感情が落ち着き、冷静な話し合いができるなどの効果が得られる場合もあります。

〈2〉法的責任とは

法的責任は、民事上の責任、刑事上の責任、行政上の責任の3種類に分けられます。このうち、民事上の責任のうちの「一般的な不法行為」と「債務不履行」について、次に重点的に説明します。

民事上の責任

園で園児の事故が起こった場合に、だれが、どのような損害を賠償する責任を負うのでしょうか。

責任を負う主体は、多数考えられます。例えば、直接園児を教育・保育していた者（幼稚園教諭、保育士、保育教諭等）、園長、園を運営する法人、法人の理事長、理事、園を運営する自治体、自治体の長などです。

責任を負う根拠となるのは、主に、民事上の責任のうち、〈1〉一般的な不法行為（公立の園の場合、国家賠償）と〈2〉債務不履行（特に安全配慮義務）です。

〈1〉一般的な不法行為

一般的な不法行為は、民法の以下の定めに基づくものです（なお、公立園の場合は、国家賠償法1条に基づく国家賠償になります）。

> 民法709条
> 故意又は過失によって他人の権利又は法律上保護される利益を侵害した者は、これによって生じた損害を賠償する責任を負う。

一般的な不法行為の成立には、以下の要件を満たすことが必要です。

Ⅰ 故意・過失

故意とは、自己の行為が他人に被害を及ぼすことを知って、あえてこれを行う心理状態です。端的にいえば「わざと」という意味です。

過失とは、法律上要求される注意を怠ったことです。より分析的に説明すると、「損害発生の予見可能性が認められるにもかかわらず、その結果を回避すべき義務を怠ったこと」といえます。

すなわち、

・**予見可能性を前提とした予見義務に違反した場合**

もしくは、

・**予見可能性を前提とし結果回避可能性も認められるにもかかわらず結果回避義務に違反した場合**

に、過失ありと認められることになります。

また、過失は、抽象的に一般標準人（それぞれの職業における標準人）を基準とした注意義務違反（抽象的過失）を問題とします。そのため、保育者の過失の有無は、個々の保育者の個人的能力を基準として判断されるのではなく、保育専門職者としての標準的保育者の能力を基準として判断されます。

したがって、標準的保育者ならば、そのような危険が予見可能であったか、予見可能であったとすればそれを回避するためにどのような措置をとるべきであったかを想定して、そのような措置がとられていない場合に過失があるということになります。

Ⅱ 権利・法益侵害

生命、身体、財産は法的保護に値する利益にあたります。これに対する侵害行為は違法とされます。

Ⅲ 損害

損害は、財産的損害（物的損害）と精神的損害の2種類に分けられます。

財産的損害は、積極損害（財産が積極的に減少し、または財産を支出した損害。治療費や入院交通費など）と、消極損害（増えるべきものが増えなかった、または入るべき財産が入らなかったという損害。逸失利益や休業損害など）に分けられます。

精神的損害は、精神的苦痛をいいます。精神的損害及びそのほか無形的損害の賠償を慰謝料といいます。

Ⅳ 因果関係

加害者の故意・過失のある行為と、被害者に生じた損害との間に「あれがなければこれもない」という事実上の因果関係がなければ、不法行為は成立しません。そして、実務上は、事実上の因果関係の存在を前提に、当該行為から損害が発生するのが社会通念上相当であると判断される場合に因果関係があると考えられています。

Ⅴ 責任能力

正常な意思活動をする能力のない者は自分の行為によっても責任を負いませんので、不法行為の成立には、行為者に責任能力があることが必要です（民法712条、713条）。

責任能力の有無は、年齢によって画一的に定まるものではなく、各個人について具体的に判断されます。もっとも、小学校卒業前後の11〜12歳くらいの能力があるかが判断の目安になりますので、園児に責任能力がないことは明白です。

園児が行為者となり、損害が発生した

場合には、園児の親権者や、親権者に代わって園児を監督すべき者の責任（民法714条）が問題となります。

〈2〉債務不履行

> 民法415条
> 債務者がその債務の本旨に従った履行をしないときは、債権者は、これによって生じた損害の賠償を請求することができる。債務者の責めに帰すべき事由によって履行をすることができなくなったときも、同様とする。

債務不履行の成立には、①債務不履行の事実、②債務者の責めに帰すべき事由（過失）、③損害、④因果関係という要件を満たすことが必要です。

②ないし④の具体的内容は前述の一般的不法行為の説明と同じです。

「①債務不履行の事実」について、園児の事故で最も問題になるのは、債務不履行責任として認められている安全配慮義務違反です。

安全配慮義務とは、「ある法律関係に基づいて特別な社会的接触の関係に入った当事者間において、当該法律関係の付随義務として当事者の一方又は双方が相手方に対して信義則上負う義務として一般的に認められるべきもの」（最高裁昭和50年2月25日第3小法廷判決）をいいます。

園の場合、園は契約に基づき、園児の生命、身体、財産といった権利、利益を侵害することなく安全に保育サービス（幼児教育、そのほかの広いサービスを含みます）を提供する義務を負っています。

この義務に違反した場合は、「①債務不履行の事実」が認められるということになります。

刑事上の責任

園で園児の事故が起こった場合に、刑事上は、幼稚園教諭、保育士、保育教諭、園長などの保育者個人が、個人として刑事罰をもって責任を問われることがあります。

この場合、いちばん問題となるのは、業務上過失致死傷罪（刑法211条）でしょう。これは業務上必要とされる注意を怠ったために人を死傷させてしまった場合に問われる罪です。法定刑は5年以下の懲役もしくは禁錮、または100万円以下の罰金と定められています。

行政上の責任

園児の事故が、園の守るべき基準を違反したことにより生じた場合は、行政罰を科されたり、認可停止等の処分を受けたり、認定を取り消されたりと、行政から処分がくだされる可能性があります。これが行政上の責任です。

それぞれの法的責任の関係

民事上の責任、刑事上の責任及び行政上の責任は、それぞれ独立した責任ですので、それぞれ責任が成立するかが判断されることとなり、このうちの全部が成立する場合もあれば、一部だけが成立する場合もあります。

1つの責任が成立するか否か、それ自体がほかの責任の成否に影響を与えることはありませんが、民事上の責任を果たすことが刑事上の責任の軽重を判断する場合の資料になることもあり、万一、これらの責任を負わなくてはならない状況に至った場合には、これらに対して真摯に向き合うことが結果的によい結果につながることもあることに留意すべきです。

第 2 章

園で気になる法律の問題

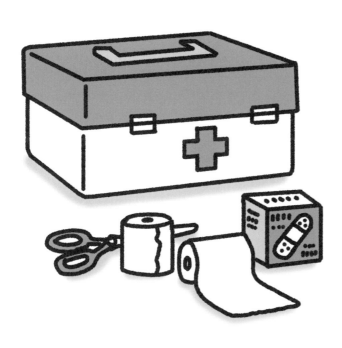

第2章 I

安全・健康への配慮 ①
アレルギー対応

Q 園児が急に体調不良になり、病院へ搬送されました。医師によると、給食で食べた食材によるアレルギー反応だったとのこと。園児の保護者からはアレルギーがあることについて知らされていなかったのですが、園は責任を問われるのでしょうか？

A 園児の症状の重さ（被害の程度）にもよりますが、園が事前にアレルギーの聞き取りや依頼等を行っていなかったり、症状発生後に適切な対応をとらなかったりした場合は、法的な責任を問われる可能性があります。

安全配慮義務

園は、園児の生命・身体・財産といった権利、利益を侵害することなく安全に教育・保育サービスを提供する義務を負っています（安全配慮義務）。安全配慮義務を尽くさなかった場合には、園の責任が問われます。

給食提供前の対応

園は、事前に保護者から園児の食物アレルギーの有無・内容を聞き取って、適切な給食を提供する義務を負います。入園時に、食物アレルギーの有無を書面で回答してもらう園や、給食で提供する可能性のある食材ごとに、家庭で食べたかどうかをチェックするシートを提出してもらう園は多いと思います。チェックシートに○印がついていない食材は、その園児に提供しないことが、園での発症を防ぐ最善の方法となります。なお、その食材が給食に欠かせない食材であれば、その園児の保護者に対し、早めに家庭で2回以上食べてみてほしいと依頼することが必要です。

今回は、保護者から知らされていなかったということですが、前述のような聞き取りや依頼等をすることなしに、食物アレルギーの有無について保護者からの自主的な申告に委ねていた場合には、園には落ち度があったとして、法的な責任を問われる可能性があります。

給食提供後、症状発生時の対応

保護者から知らされていなかった場合でも、給食後に園児に食物アレルギーの症状が見られた場合には園は適切な対応をとる義務を負います。

症状の重症度によりグレード分けがされており*1、それを参考に素早く的確な対応をとることが求められます。この対応に問題があった場合は園の責任が問われ得ます。

常に新しい知識を

食物アレルギーに関する研究は、非常に速い速度で進んでいます。行政が出している最新のガイドラインを参照し、常に新しい知識を習得してください*2。

参考資料

症状チェックシート

	グレード1	グレード2	グレード3
皮膚症状	部分的なじんましん、部分的なあかみ、弱いかゆみ	広範囲のじんましん、広範囲のあかみ、強いかゆみ	
粘膜症状	軽い唇やまぶたのはれ	明らかな唇やまぶた、顔面のはれ	飲み込み辛さ
呼吸器症状	鼻汁、鼻閉、単発のせき	時々くり返すせき	せき込み、声がれ、ぜん鳴（ゼーゼーヒューヒュー）、息苦しさ、呼吸困難、チアノーゼ
消化器症状	軽い腹痛、単発の嘔吐	明らかな腹痛、複数回の嘔吐や下痢	強い腹痛、くり返す嘔吐や下痢
全身症状	なんとなく元気がない	元気がない、横になりたがる	ぐったり、意識消失、立ち上がれない
	①安静、厳重に経過観察 ②必要に応じて医師に連絡し指示を受ける ③緊急時薬があれば内服 ④エピペン®があれば用意	①医師に連絡し指示を受ける ②医療機関の受診（救急車の要請も考慮） ③緊急時薬があれば内服 ④エピペン®を用意、必要に応じて接種	①直ちにエピペン®を接種 ②救急車を要請する ③必要に応じて蘇生法を実施 ④緊急時薬があれば内服

東京都福祉保健局「保育園・幼稚園・学校における食物アレルギー日常生活・緊急時対応ガイドブック」（平成22年3月発行、平成26年7月改訂版）45頁を元に作図

---

*1：グレード別の対応の流れは、東京都福祉保健局「保育園・幼稚園・学校における食物アレルギー日常生活・緊急時対応ガイドブック」（平成22年3月発行、平成26年7月改訂版）45頁の「緊急時個別対応カード」、にわかりやすく示されています。
*2：「保育所におけるアレルギー対応ガイドライン　厚生労働省　平成23年3月」62、63頁

第2章 安全・健康への配慮 ②
エピペン®の使用

Q エピペン®を医師から処方されている園児がいます。保護者と協議し同意書や緊急時個別対応票などももらっていますが、エピペン®を使用してトラブルがあったらと思うと心配です。

A エピペン®の使用で過失があった場合には法的な責任を負うことがあります。あらかじめ職員全員で対応方法を確認して、万一に備えることが大切です。

　エピペン®は、アナフィラキシーを起こす危険が高く、万一の場合にただちに医療機関での治療が受けられない状況下にいる者に対し、事前に医師が処方する自己注射薬です＊1。

　園においては、アナフィラキシー等の重篤な反応が起きた場合に速やかに医療機関に救急搬送することが基本ですが、緊急対応として園の職員がエピペン®を注射することも想定されています＊2。

　こういった対応に際して、園に過失があって事故が生じた場合には法的な責任が生じることがあります。

　法律上の「過失」とは、ごく簡単にいうと、一般に果たすべき注意義務を果たしていないということになります。

　ですから、法的な責任を避けるためには、あらかじめ対応方法を確認し、園内へ周知徹底しておき、万一の場合にはこれに沿って的確に対応・記録し、過失がなかったことを立証できるようにしておくことが大切です。なお、日本小児アレルギー学会のホームページでは、具体的に、どのような症状があればエピペン®を使用すべきかを明確に示しており、参考になります。

 参考資料

一般向けエピペン®の適応（日本小児アレルギー学会）

エピペン®が処方されている患者でアナフィラキシーショックを疑う場合、下記の症状が一つでもあれば使用すべきである。

消化器の症状	・繰り返し吐き続ける	・持続する強い（がまんできない）おなかの痛み
呼吸器の症状	・のどや胸が締め付けられる ・持続する強い咳込み	・声がかすれる　　　　・犬が吠えるような咳 ・ゼーゼーする呼吸　　・息がしにくい
全身の症状	・唇や爪が青白い ・意識がもうろうとしている	・脈を触れにくい、不規則 ・ぐったりしている　　・尿や便を漏らす

当学会としてエピペン®の適応の患者さん・保護者の方への説明、今後作成される保育所（園）・幼稚園・学校などのアレルギー・アナフィラキシー対応のガイドライン、マニュアルはすべてこれに準拠することを基本とします。

（日本小児アレルギー学会ホームページ『「一般向けエピペン®の適応」決定のご連絡』より引用）

＊1：「保育所におけるアレルギー対応ガイドライン　厚生労働省　平成23年3月」39頁
＊2：同上　58頁

安全・健康への配慮 ③
園でのけが

Q 園児AとBが自由遊びの時間に玩具の取り合いをして、Bが硬い玩具を投げつけAが2針縫うけがをしました。Aのご両親は「園とBのご両親に慰謝料を求める」といっています。園は責任を負うのでしょうか？

A 園の保育中の事故ですので、園は法的責任を負う可能性が高いです。慰謝料の問題に関しては、不用意な発言はしないようにして、早期に弁護士に相談しましょう。

責任を負うのはだれか

玩具を取り合っている相手に、硬い玩具を投げつける行為は、違法な行為です。Bの違法な行為によりAが「2針縫うけが」という損害を受けました。

しかし、未成年者は、他人に損害を加えた場合に、「自己の行為の責任を弁識するに足りる能力を備えていなかったときは」、その行為について責任を負いません（民法712条）。「自己の行為の責任を弁識するに足りる能力」については、おおむね11～12歳くらいの能力があるかどうかが判断の目安となります。

そのため、園児Bには責任能力がありませんので、法定監督義務者＊1であるBの両親や代理監督義務者＊2である園の責任が問題となります。Bの両親が法的責任を負うかは個別具体的な事情により異なりますが、保育中の事故なので、園は法的責任を負う可能性が高いです。

慰謝料はいくらか

慰謝料の額は法定されておらず、相場は存在しますが、交渉次第で増減します。交渉でまとまらない場合には裁判所で決めることになります。「園に全責任がありますので、○○円払います」といった不用意な発言はせず、すぐに弁護士に相談してください。弁護士に相談すれば、合理的な解決が可能となるでしょう。

保険会社を交えて交渉をする場合でも、園と保険会社とでは利害が一致するとは限りませんので、園のために園を代理する弁護士を立てることをお勧めします。

日ごろの対応と初期対応の留意点

筆者の経験上、Aの両親の怒りがおさまらない背景には、Aの受傷の事実のほかに、園の初期対応の不備や、日ごろの園に対する不満というほかの理由が存在する場合が多いです。

日ごろから保護者への誠実な対応や情報提供などにより、保護者と堅固な信頼関係を築き、また、事故後には事実関係については隠さず、保護者の納得のいく説明やケアをするようにしましょう。

＊1：本件のBのように責任無能力者が責任を負わない場合には、これを監督すべき法定の義務のある者、例えば親権者、後見人などが責任を負います（民法714条1項）。
＊2：法定監督義務者に代わって責任無能力者を監督する者、例えば幼稚園、保育所、認定こども園、保育者なども責任を負います（民法714条2項）。

第2章 安全・健康への配慮 ④
園での病気

Q 園児が園で体調を崩し、容態が急変した場合の対処方法を教えてください。例えば、保護者に連絡してお迎えを待っている間にけいれんなどが起こった場合です。

A けいれんの症状が持続するなど、深刻な状態になった場合は、迷わず救急車を呼んでください。園として園児の生命や健康のために最善の手段を尽くすことが、結果として園のリスクを軽減します。

安全配慮義務を尽くす

園は、園児の生命・身体などを危険から保護するよう配慮すべき義務（安全配慮義務）を負い、この安全配慮義務を尽くすことが必要不可欠となります。

園児が体調を崩し、その容態が急変した場合、それが救急車を呼ぶ必要のある症状であれば、救急車を呼ぶことが安全配慮義務を尽くすということになります。このような緊急時には、まず救急車を呼び、その後、ただちに保護者に連絡して、状況を伝えることになります（なお、安全配慮義務の内容は救急車を呼ぶことに限られるものではなく、園児の生命・身体などを危険から保護するために必要となる様々な義務が含まれますが、ここでは本問のケースに沿って、必要な場合に救急車を呼ぶべき義務について説明します）。

保護者の承諾を得てから病院へ受診するという取り決めをしている園は、「緊急時には例外的に、まず救急車を呼び、その後ただちに保護者に連絡します」という一文を取り決めに加えて、保護者の事前の承諾を得ておけば、現場の保育者は安心して対応できるでしょう。

救急車を呼ぶ必要のない症状であっても、容態が急変した場合には、保護者に連絡すると同時に、嘱託医等のしかるべき医療機関に連絡してその指示を仰ぐのがよいでしょう。このことが安全配慮義務を尽くしたと評価されるために必要とされることがあります。

判例で、園児が嘔吐をくり返し、少なくとも軽度のけいれん発作を2度にわたって起こし、呼びかけに対する反応も普段とは違う異常な状態にあったというケースについて、裁判所が、保護者に連絡するにとどまるのではなく、「嘱託医等のしかるべき医療機関に連絡してその指示を仰ぐべき保母としての義務を怠ったことは否定できず、その結果、早期に、原告を救急治療する機会を喪失したものというべきである。そうすると、上記の点で、被告には安全配慮義務違反があるといわざるを得ない」と判示したものが

あります。

このケースでは、裁判所は、「園児の知能障がいが治療の遅れによって生じたものということはできないが、園児の知能障がいの悪化が治療の遅れたことによって生じた可能性がまったくないものと否定しきることもまたできない」としたうえで、「園が安全配慮義務を尽くし、早期に救急治療を受ける機会を得ておれば、現在のような状況には至っていなかったかも知れないと両親ともども残念な想いが残ることは否めず、園の安全配慮義務違反によって、最善の医学的処置を受ける機会を喪失する結果となり、これによって精神的苦痛を被っているものと認定できる。そして、上記精神的苦痛を慰謝するには、安全配慮義務違反の程度等に鑑み、慰謝料120万円をもって相当と認める」と判示しました。

救急車を呼ぶべき場合

本問のケースで挙げられているけいれんの症状が持続する場合のほか、意識がない場合、呼吸困難を起こした場合、薬品や電池などを誤飲した場合など、ただちに救急車を呼ばなくてはならない状況は少なくありません。

判例では、午睡中の園児が吐瀉物を誤嚥して窒息死した事案について、「施設長が園児の異常を発見した当時、園児は、口の周辺にチアノーゼが出てぐったりしていたのであるから、施設長としては、可能な限り人工呼吸等の応急措置をほどこす一方で、ただちに医師等の専門家に救命措置を委ねるようにすべき義務があった、それにもかかわらず、異常を発見して保護者に連絡し、来園した保護者の指示で救急車を呼んだ施設長の行為は、

安全配慮義務に違反する」とされた例もあります*1。症状によっては救急車が到着するまでの数分が生死を分けることもあり、その場合には、躊躇したり、上司に相談したり、という時間はありません。このため、日ごろから、職員に対して園児が体調を崩した場合の対応方法を教育し、必要な場合には、保護者との連絡や園長や副園長、看護師との相談を待たずに、現場の判断で救急車を呼ぶことを徹底してください。

参考判例

裁判年月日　平成18年4月13日
裁判所名　岡山地裁　裁判区分　判決
事件番号　平15（ワ）1185号
事件名　損害賠償請求事件
裁判結果　一部認容
事案の概要
◇原告が、被告保育園に対し、（ア）原告（当時5歳）が突然の体調不良により、嘔吐を繰り返し、軽度の痙攣発作を引き起こしていた際に、保母が嘱託医等に連絡してその指示を求めることなく、あるいは救急搬送の手配等の措置を適時にとらず、原告に対する安全配慮義務を怠ったため、1時間以上も治療着手が遅れたことにより、呼吸停止等による脳の酸素不足を招いて、21日間の入院治療を必要とさせ、原告に知能障害を生じさせあるいは知能障害を悪化させる後遺障害を生じさせたと主張し、（イ）仮に、安全配慮義務違反と上記損害発生との間に相当因果関係がないとしても、原告は、左手の運動障害の後遺障害が生じ、また、知能障害あるいは知能障害の悪化をさせないための最善の医学的処置を受ける機会を喪失させられて精神的苦痛を受けたと主張して、被告保育園の安全配慮義務違反による債務不履行責任に基づく損害賠償を求めた事案。裁判所は原告の（イ）の主張を認めたうえで、被告保育園に対し、慰謝料等165万円の支払いを命じた。

*1：東京地判平成4年6月19日（この判例では、誤嚥の状況から、異常発見直後に救急車を呼んでいても救命可能性がなかったとして、結果として園の損害賠償責任は否定されました）。

II 新人保育者がインフルエンザにかかったら

第2章 感染症への対応 ①

Q 新人の保育者が季節性インフルエンザにかかってしまいました。保護者へお知らせする際や、当該保育者を休ませる際には、どのようなことに気をつけたらよいでしょうか。

感染症の広がりを抑えるために、保護者へのお知らせは必須です。有給休暇をもっていない新人保育者が自主的に休むと、原則として欠勤扱いとなりますが、例外も考えられます。

保護者へのお知らせ

季節性インフルエンザが広がるのを防ぐために、保護者へのお知らせは欠かせません。園だより、保健だより、園内掲示などで、感染者が出たことの告知と、感染予防についての協力（せきエチケット・手洗い・うがい等の励行）のお願いをします。園内での消毒なども強化するでしょうから、そのこともお知らせすると、保護者の安心につながります。

新人保育者の休みについて

園児が季節性インフルエンザに罹患した場合は、学校保健安全法や「保育所における感染症対策ガイドライン」を根拠に、「幼児においては、発症した後5日を経過し、かつ解熱した後3日を経過するまで」が、出席停止の目安とされています。

しかし、保育者の季節性インフルエンザ罹患については、感染症予防法上も、労働安全衛生法上も就業制限の対象とはされていません。もっとも、保育者は、園児という体力が弱く、感染症に罹患すると重症化しやすい者と接する機会が多いため、本人が感染症を発症すると、多数の者に感染を引き起こしてしまう可能性が高くなります。そのため、園としては、医師が感染の恐れがないと認めるまで、当該保育者を休ませる必要があります。

当該保育者がインフルエンザ罹患を理由に休むために、有給休暇を使うと申請してきた場合には、そのように扱うことで、通常の給与が支払われます。しかし、就業後継続して6か月を経過していない新人保育者の場合、労働基準法上の権利としての有給休暇を与えられていないかもしれません。その場合は、欠勤となり、休んでいる間の給与は支払われないのが原則です。

もっとも、新人保育者ほど病気にかかりやすいというのは、どこの園でもよく聞く話です。大事な新人保育者が園に定着してくれるように、園の就業規則や規定によって、新人保育者だけに、有給休暇が与えられるまでの間に限り、病欠の場合に特別休暇を与えることも考えられます。これにより、新人保育者を季節性インフルエンザ罹患のために休ませても、通常の給与を支払うことができるようになります。

〈規定例〉
「入職後6か月以内の職員が、私的な疾病のため療養する必要があり、その勤務しないことがやむを得ないと認められる場合に、病気休暇を○日与える。この期間は通常の給与を支払う」

インフルエンザワクチンについて

インフルエンザワクチンは、感染後に発症する可能性を低減させる効果と、発症した場合の重症化防止に有効と報告されています*1。園の保育者はシーズン前に必ず接種しておくことが奨励されます。もっとも、接種費用を園の保育者の個人負担とすると、負担を嫌って受けない保育者が出るかもしれません。そこで、園が福利厚生の一環として、保育者の予防接種の費用を負担することも一案です。

*1：インフルエンザQ&A　厚生労働省ホームページ

第2章 感染症への対応 ②

II HIV（ヒト免疫不全ウイルス）への対応

Q 父親がHIV（ヒト免疫不全ウイルス）陽性である子どもの入園申し込みがありました。入園希望児本人はまだ幼いのでHIV検査はできないと病院で言われたそうです。離婚した母親とは音信不通で、出生状況（出生前にHIV検査をしたのか、母子感染を防ぐ方法で出産したのか）などはわかりません。園としてはどのような対応をとればよいでしょうか。

A 新しいガイドラインにはHIV感染拡大を防ぐ予防策について記載されています。ガイドラインを参考に、必要な対策を講じて、すべての園児が健康に過ごせる園をつくりましょう。

HIV感染の可能性のある子どもを受け入れるかどうか

園は病院ではないので、すべての感染症に正しい知識をもって対処することは困難です。もっとも、園で感染拡大を防ぐことのできる感染症であれば、できる限り感染児、またその可能性のある子どもを受け入れることが基本的人権の尊重という観点からは望ましいと考えられます。具体的には、B型肝炎・C型肝炎・HIV等に関しては、「標準予防策」を行うことで感染拡大を防げると考えられています*1。「標準予防策」とは、すべての園児や職員の血液や体液には病原体が含まれているとみなし、血液や体液に園児や職員が直接接触しないよう注意をすることです。具体的には、以下のとおりです。

> ・園児の皮膚や粘膜に傷がある場合、傷を絆創膏やガーゼできちんと覆って登園することを保護者に徹底する。
> ・園児が園内で出血した場合は速やかに手当てする必要がある。損傷部位は流水と石けんで清浄にし、絆創膏やガーゼで覆う。
> ・手当ての際には使い捨て手袋を使い、手当ての際に使った物品はビニール袋に入れて口を縛って捨てるようにする。手袋等の予防具がないときは清潔なタオル等で代用する。
> ・手袋を外したらすぐに流水と石けんで手洗いするか擦式アルコールで消毒する。
>
> 「厚生労働省科学研究費補助金成育疾患克服等次世代育成基盤研究事業 保育所等における感染症対策に関する研究 平成28年度 研究報告書」より一部改変

受け入れる場合の注意点

「保育所における感染症対策ガイドライン」（2018年改訂版）には、「標準予防策」について記載されています。そして、当該ガイドラインの基礎となる研究報告書においては、上記のような「標準予防策」をほどこせば、HIV感染児であっても感染を拡大させることなく、受け入れが可能であるという趣旨の内容が記載されています。

そうすると、HIV感染拡大の可能性のみを理由に本問の入園希望児の入園を拒否することは、正当な理由がないとされる可能性が高いです。したがって、ほかに入園の要件を満たしているのであれば、当該希望児を入園させることになります。本問の父親がHIV感染者であるという情報はきわめて高度なプライバシー情報ですので、ほかの保護者などに知らせることがあってはなりません。同様に、入園後、当該園児のHIV検査の結果を教えてもらったとしても、園はその情報をほかの保護者などに知らせてはなりません。

園児の父親がHIV感染者であるとわかることで動揺を示す保育者がいるかもしれません。しかし、その多くは知識の欠如によるものです。HIVの感染経路は限られており、HIV自体は非常に弱いウイルスで、C型肝炎ウイルスの10分の1程度、B型肝炎ウイルスの100分の1程度の感染力しかないといわれています*2。まずは園が冷静に、正確な知識を伝えることが、動揺や不安を解消するいちばんのポイントです。なお、当該園児本人のこれからの健康管理のために、HIV検査を受けてほしいと本問の父親に園がお願いすることは、違法なことではありません。

---

*1：「厚生労働省科学研究費補助金成育疾患克服等次世代育成基盤研究事業 保育所等における感染症対策に関する研究 平成28年度 研究報告書」71〜77頁
*2：「職場とHIV／エイズハンドブック 東京都福祉保健局」4頁

第2章 III 危機管理・災害への対策 ①
降園後の園庭での事故

Q 教育・保育時間が終わり、園児を保護者に引き渡しました。しかし、その後、保護者たちが園庭で立ち話に夢中になっている間に、園児が園庭で遊んでいて骨折しました。この場合、園は法的な責任を問われるのでしょうか。

A 降園後は基本的には保護者が責任を負うことになります。しかし、事故の原因が園の園庭の管理にある場合など、けがの原因によっては、園の責任が問われます。

法的な考え方

　降園時間は、園によっては、園内の片づけや清掃をしたり、迎えに来た保護者に園児を引き渡したりと慌しい時間帯となります。そのため、注意が行き届きにくくなり、事故が起きやすいともいわれています。

　教育・保育時間が終わって、保護者に園児を引き渡せば、その日、その園児を教育・保育する義務は終了します。

　しかし、園には、園児を教育・保育する義務とは別に園庭の安全を管理する義務があります。したがって、園庭の安全を管理しなかったことが原因で園児が骨折した場合には、保護者に園児を引き渡した後であっても、園は法的な責任を問われることになります。

　例えば、①玄関ポーチに段差があり、縁の部分がレンガ製でとがっていたために園児が転んで身体をぶつけてけがをした場合や、②運動会で使う道具が無造作に置かれていて、それが原因で園児がけがをした場合などです。

　降園後の事故ではありませんが、園庭の雲梯（うんてい）に結びつけられていた縄跳び用のロープに3歳の園児が首を引っかけて窒息死した事故につき、園、理事長、園長、教諭の損害賠償責任を認めた判例＊1があります。園庭の遊具にロープなどがかかっているというような異常がないかも確認してください。

　派生的な問題として、積雪の際に、園がどの程度除雪していれば、園庭の管理責任を問われないかという問題も考えられます。具体的な状況により回答は異なりますが、園児と保護者が安全に登降園できる道を確保していることが、最低限求められるでしょう。そのうえで、保護者と園児には脇道そのほかに入らないよう呼びかけてください。

まずは園庭の安全管理を

　「園庭に危険なところがない」ということが明確であれば、本問の場合、園が法的責任を問われることはないと考えてよいでしょう。

　そのためにも、園児が園庭でどのような行動をとるか予測し、事故を防ぐ対策を事前にとっておくことが大切です。①の場合は、段差をなくしてスロープにしたり、縁の部分にマットなど衝撃を和らげるものを設置したりするなどの対策が考えられます。②の場合は、運動会で使う道具は、必要な時以外は園児がふれられない場所に収納しましょう。

保護者との協力も大切

　物理的な危険を取り除くだけでなく、日ごろから保護者には、降園時に園児から目を離さないようにお願いすることも重要です。当然ですが、法的な責任の有無とは別に、園児の事故を防ぐため、降園後であっても、園児が危険なことをしているのを目撃した場合は、保育者がただちにやめさせてください。保護者への注意喚起は、その後に行ってください。園児の安全確保を第一に、保護者の意識も高めて、園児の安全を確保しましょう。

＊1：浦和地判平成12年7月25日

第2章
III 危機管理・災害への対策 ②
プール事故

Q 夏になると、プール事故のニュース報道を聞く機会が増えて胸が痛みます。園でのプール事故の法的責任と事故防止のための注意点を教えてください。

A 園は、園児に対する安全配慮義務を負うため、義務の違反によって事故が生じた場合には損害賠償責任を負うことになります。行政の通知やガイドラインを熟知して対応してください。

法的な考え方

園は、園児の生命・身体などに危険が生じないよう、その安全に配慮すべき義務（安全配慮義務）があり、このため、所属保育者を監督すべき園長は、水難事故の発生を防止するための保育者に対する教育・訓練などの安全対策を講ずる職責を負います。

他方で、安全配慮義務等の具体的内容は法律や契約で定められていないため、園や園長が、園の保育者に対し指導・教示すべき内容や構築すべき体制については、プール活動実施時の園の状況に即して具体的に検討されることになります。

各種ガイドライン

園の対応としては、プール活動実施時には、既に出されている行政の通知やガイドラインに沿った体制を整えて、通知等が要求する教育・指導をしているということが最低限必要になってきます。通知やガイドラインは頻繁に見直され、更新されるので、常に最新の情報をキャッチするようにしてください。

平成30年3月時点では、幼稚園であれば、「幼稚園においてプール活動・水遊びを行う場合の事故の防止について（通知）（28初幼教第7号　平成28年5月27日）」、認定こども園であれば「幼保連携型認定こども園においてプール活動・水遊びを行う場合の事故の防止について（通知）（府子本第487号　平成29年6月16日）」、保育所そのほかの保育施設であれば、「保育所、地域型保育事業及び認可外保育施設においてプール活動・水遊びを行う場合の事故の防止について（雇児保発0616第1号　平成29年6月16日）」に従うことになります。また、これらの通知で引用されている「水泳等の事故防止について（通知）（29ス庁第99号　平成29年4月28日）」や、「教育・保育施設等における事故防止及び事故発生時の対応のためのガイドライン（平成28年3月31日）」も参考にしてください。

これらの通知及びガイドラインから求められる、プール活動・水遊びにおいて

園が行うべきことは以下のとおりです。

❶プール活動・水遊びを行う場合は、適切な監視・指導体制の確保と緊急時への備えとして次のことを行ってください。また、既にこれらの取り組みを行っている園は、再度、周知徹底してください。
〈1〉プール活動・水遊びを行う場合は、監視体制の空白が生じないようにもっぱら監視を行う者とプール指導等を行う者を分けて配置し、また、その役割分担を明確にすること。
〈2〉事故を未然に防止するため、プール活動にかかわる保育者等に対して、園児のプール活動・水遊びの監視を行う際に見落としがちなリスクや注意すべきポイントについて事前教育を十分に行うこと。
なお、ガイドラインでは「プール活動・水遊びの際に注意すべきポイント」として、以下の点を示しています。
①監視者は監視に専念する。
②監視エリア全域をくまなく監視する。
③動かない子どもや不自然な動きをしている子どもを見つける。
④規則的に目線を動かしながら監視する。
⑤十分な監視体制の確保ができない場合、プール活動の中止も選択肢とする。
⑥時間的余裕をもってプール活動を行う。
等
〈3〉保育者等に対して、心肺蘇生を始めとした応急手当等について教育の場を設ける。また、一刻を争う状況にも対処できるように119番通報を含め緊急事態への対応を整理し共有しておくとともに、緊急時にそれらの知識や技術を実践することができるように日常において訓練を行うこと。

❷プール活動・水遊びを行う場合に、園児の安全を最優先するという認識を管理者・職員が日ごろから共有するなど、園における自発的な安全への取り組みを行ってください。

「幼稚園においてプール活動・水遊びを行う場合の事故の防止について（通知）（28初幼教第7号）」より改変

ガイドライン以外の対応

プール活動・水遊びを行う場合はガイドラインに示されていること以外にも、安全対策として必要だと感じたことは、園内で共有して対応していきましょう。

例えば、熱中症の対策、プール内やプールから出た時の転倒防止策などです。

また、事故にはならなかったが事故の危険性があったというヒヤリハット例などについても、しっかりと園内で検討し対応策を練ることも大切です。

保護者に対しては定期的に、園だよりなどで、事故防止策や安全対策、救急対応の訓練など、園内研修でどのようなことを学び園全体でどのような対応をしているかを伝えるのもよいでしょう。

参考判例

裁判年月日　平成29年4月13日
裁判所名　横浜地裁　裁判区分　判決
事件番号　平26（ワ）2399号
事件名　損害賠償請求事件
裁判結果　一部認容
事案の概要
◇幼稚園のプールで当時3歳の園児が溺れて死亡した事故につき、両親が担任や園長らに対し、安全配慮義務違反、指導監督義務違反等を主張して、損害賠償を求めた事案。裁判所は、担任は遊具の片づけに気を取られて園児の動きを注視しなかったとして、過失及び園児の死亡との因果関係を認めた上で、主任や園長らの民法709条（園については更に同法415条）に基づく責任は認められないとしたが、園長は事業執行に関する代理監督者であるところ、具体的な指導内容を指示していないとして監督責任を認め、担任の不法行為の連帯責任を負うとして、担任、園長及び園を運営する法人に対し、約6200万円の損害賠償を認めた。

第2章 III

危機管理・災害への対策 ③
遊具事故

Q 自由な外遊びの時間に、園庭の滑り台から園児が落下し、骨折する事故が起こりました。滑り台の作りに問題があったのですが、園はどのような責任を負うのでしょうか。滑り台を製造した業者は責任を負わないのでしょうか。

A 滑り台の作り自体に問題があった場合には、園は滑り台を設置した点について工作物責任を負います。同時に製造業者などが責任を負う可能性があります。

工作物責任

　園の園舎・園庭・プール・滑り台などは、土地に接着して人工的に作り出された設備で、「土地の工作物」とされます。土地の工作物の「設置又は保存」に「瑕疵」があるために生じた事故については、民法717条により、第一次的な責任を占有者が負い、占有者が免責される場合は所有者が損害賠償責任を負います。ここでいう所有者の責任は無過失責任であり、工作物に瑕疵がある以上責任を免れることはできません。このような重い責任は、「本来安全であるべき土地の工作物がその信頼に反して危険である場合は、それを占有または所有する者はそれによって生じた損害について当然に責任を負うべきだ」という危険責任の考え方に基づいて課されています。

　この「瑕疵」とは、その物が本来備えているべき安全性を欠いていることをいいます。その物が設置された当初から瑕疵があった場合（原始的瑕疵）を設置の瑕疵といい、設置された後に瑕疵が生じた場合（維持、修繕、保管などによる後発的瑕疵）を保存の瑕疵といいます。

　判例は、瑕疵の有無につき、「当該営造物の構造、用法、場所的環境及び利用状況等諸般の事情を総合考慮して具体的個別的に判断すべき」であるとしています。そのため、一般的には安全といえるようなものでも、子どものような冒険心、好奇心に富みながら、危険予知能力・判断能力に乏しい利用者を前提とした場合には、より高度の安全性が求められ、瑕疵があると判断される可能性があります。本問の滑り台については、占有者も所有者も園であると考えられます。滑り台の作り自体に問題があったということですから、園は当初から瑕疵があった物を設置したとして、工作物責任を負います。なお、公立園の園庭の遊具のように、土地の工作物が国や公共団体の物である場合は、国家賠償法2条に同様の定めがあり、国や公共団体が責任を負うこととな

ります。公立園の場合には、土地の工作物のほか、園庭を流れる河川などについても責任が生じる恐れがあります。

製造物責任法

製造物責任法とは製品の欠陥によって生命、身体または財産に損害をこうむったことを証明した場合に、被害者は製造業者等に対して損害賠償を求めることができる法律です。具体的には、製造業者などが、みずから製造、加工、輸入または一定の表示をし、引き渡した製造物の欠陥により他人の生命、身体または財産を侵害した時は、これによって生じた損害を賠償する責任があることを定めています。

また、製造業者等の免責事由や期間の制限についても定めています。

この法律でいう「欠陥」とは、当該製造物に関する様々な事情（判断要素）を総合的に考慮して、製造物が通常有すべき安全性を欠いていることをいいます。欠陥の有無の判断は、個々の製品や事案によって異なるものなので、それぞれのケースに応じて考慮される事情やその程度は異なり得ることになります。この法律に基づいて損害賠償を受けるためには、被害者が、①製造物に欠陥が存在していたこと、②損害が発生したこと、③損害が製造物の欠陥により生じたことの３つの事実を明らかにすることが原則となります。

参考判例

裁判年月日　平成13年12月5日
裁判所名　横浜地裁　裁判区分　判決
事件番号　平10（ワ）1475号
事件名　損害賠償請求事件
裁判結果　一部認容、一部棄却　上訴等　控訴
事案の概要
◇市の公園に設置されたゆりかご型ブランコで遊んでいた低学年の児童が転倒して負傷した事案。ブランコの製造・販売業者の不法行為責任と市の営造物責任が認められた。

裁判年月日　平成14年8月7日
裁判所名　東京高裁　裁判区分　判決
事件番号　平14（ネ）2016号・平14（ネ）120号
事件名　損害賠償請求控訴、同附帯控訴事件
裁判結果　取消、請求棄却、附帯控訴棄却
上訴等　上告、上告受理申立て
事案の概要
◇市の公共広場に設置されていたゆりかご型ブランコで遊んでいた小学生が負傷した事案。ブランコの設置管理に瑕疵がないとしてブラ

ンコの製造業者と市に対する損害賠償請求が棄却された。

裁判年月日　昭和46年8月30日
裁判所名　松山地裁　裁判区分　判決
事件番号　昭42（ワ）135号
事件名　損害賠償請求事件
事案の概要
◇市立保育園で帰宅前の園児がかばんを掛けたまますべり台ですべっていたところ、かばんのひもがすべり台の手すりの上端部分にひっかかって窒息死した事案。裁判所は市に国家賠償責任を認めた。

裁判年月日　昭和54年10月5日
裁判所名　大阪地裁　裁判区分　判決
事件番号　昭53（ワ）1033号
事件名　損害賠償請求事件
事案の概要
◇幼児が遊戯中、滑り台に付着していた紐により縊死した事案。裁判所は管理者である地方公共団体の責任を否定した。

第2章 III 危機管理・災害への対策 ④
お泊まり保育の事故

 園のお泊まり保育で山のふもとに行き、川遊びをすることを考えています。気をつけたほうがよいことがあれば教えてください。

園外活動は入念な事前準備が大切です。川遊びについては、急激な増水などが起こる可能性があるなどの危険性をよく学んだうえで計画・準備し、現地での情報収集も必要です。

園外での非日常的な活動

　お泊まり保育やそれに伴う遊泳では、園児たちに、園での通常の教育・保育活動では得られない貴重な体験をさせることができます。そのため、これらの園外での非日常的な活動は教育的な意義をもっているといえます。

　他方で、園外での非日常的な活動においては、園での通常の活動と同じ安全への配慮では足りないことも明白です。園外での非日常的な活動を安全に行うためには、活動中に起こり得る事象を適切に予測し、危険を避けるためにはどうすればよいかを検討し、園児たちの安全を第一に考えた入念な計画とその実行とが求められます。

川遊びの危険性

　河川での遊泳については、急激な増水等により園児らが流されるなど、園児らの生命・身体に重大な危険が及ぶ可能性があります。そのため、園児らの生命・身体に対する安全を確保すべき義務がある園としては、あらかじめ河川での遊泳に伴う危険性について十分な知識を習得する義務を負っています。

　平成28年5月30日松山地裁判決は、幼稚園のお泊まり保育の川遊びにおいて、増水により被害園児が流され溺死したケースです。お泊まり保育開始前の計画・準備段階で、河川の増水を予見できたにもかかわらず必要な安全対策（ライフジャケットを準備して園児らに適切に装着させる義務）を怠った園長の過失が認められ、業務上過失致死罪（刑法211条）で有罪となりました。公益財団法人河川財団は、「水辺の安全ハンドブック」をインターネットで公開しています。このような情報を参考に、入念に計画を立てて準備し、現地では常に情報収集を怠ることなく、安全に川遊びを実施してください。少しでも不安に思うことがあれば、川遊びを中止することをいとわないでください。

 参考判例

裁判年月日　平成28年5月30日
裁判所名　松山地裁　裁判区分　判決
事件番号　平26(わ)81号
事件名　業務上過失致死傷被告事件（認定罪名：業務上過失致死）
裁判結果　有罪
事案の概要
◇幼稚園のお泊り保育の川遊びにおいて、増水により被害園児が流され溺死した事案。川の増水を予見できたのに必要な安全対策を怠った園長の過失が認められた。
判示事項
◇幼稚園の「お泊まり保育」で川遊び中、折りからの上流における降雨等のため水位が突如上昇したことにより、園児らが流され、1名が溺死し、2名が傷害を負った。園長ら3名が業務上過失致死傷罪に問われた。裁判所は急激な増水等により園児らの生命等に重大な危険が及ぶ蓋然性が高いことを予見するという計画準備のための予見可能性が認められるとして、園長には、ライフジャケットの準備装着義務違反の過失があり、業務上過失致死罪が成立するが（致傷罪は不成立）、主任教諭及び担当教諭には、過失が認められないと判示した。

第2章 III

危機管理・災害への対策 ⑤

災害時の園バスの事故

Q 園バスで走行中に災害が発生しました。安全のためルートを変更したのですが、それにもかかわらず、災害が原因となる事故にあってしまいました。この場合は園の責任になってしまうのでしょうか？

A 災害に起因する事故については、災害への対応等に落ち度がある場合、責任を問われる可能性があります。行政庁からの資料なども参考に、園バス走行中に災害が生じた場合の対応マニュアルを作成し、すべての保育者や従業員が理解しておきましょう。

園バス事故の責任

園バスが事故を起こし、乗車していた保育者や園児にけが等が生じた場合、園は、①債務不履行責任（民法415条）、②運転手の不法行為責任（民法709条）を前提とする使用者責任（民法715条）、または③運行供用者責任（自賠責法*1 3条）を負う可能性があります。

災害に起因する場合

しかし、災害に起因する事故の場合、例えば、道路の地割れや建物の倒壊により、ハンドルを取られたり、急停車ができなかったりした結果、事故を起こしたのであれば、不可抗力によるものとされる可能性が高いです。不可抗力によるものとされた場合には、①債務不履行責任、②不法行為責任、または③運行供用者責任を負うことはありません。ただし、災害に起因する事故であっても、災害により直接に事故が生じたわけではなく、災害の状況下における対応に落ち度があり、その落ち度が原因で損害が生じた場合には、不可抗力によるものと評価されないことが考えられます。

園バスの対応

本問では、「安全のためルート変更をした」ということですが、当時の状況でこれ以上の対応ができず、事故を回避する余地がなかったというのであれば園に責任はないとされる可能性が高いです。しかし、災害が発生した状況において、変更したルートの選択に誤りがあったり、ルートを選択するにあたって可能な情報収集を怠っていたり、そのほかにも事故を回避するためにとり得るほかの措置を講じることなく、漫然と危ない道路を走行していて事故が生じたのであれば、園は責任を負う可能性が高いでしょう。

この点のリスクに対応するためには、園バス走行中に災害が生じた場合の対応マニュアルを作成し、すべての保育者や従業員が理解しておくことも有効です*2。

---

*1：「自動車損害賠償保障法」の略称。交通事故によって人身事故が生じた場合に適用される特別法です。
*2：例えば、災害発生時には送迎を中断して園に戻ることを決めておいたり、通園バスコースごとに数か所、一定の時間、安全に停車できる場所を想定しておいたりすることなどが考えられます。経済産業省から出ている「想定外から子どもを守る 保育施設のための防災ハンドブック」も参考にしてください。

第3章 保護者への対応

保護者と園との契約関係

 保護者と園は契約関係にあると聞きますが、すべての園にあてはまりますか。契約の内容を教えてください。また、園から契約を解除する場合の注意点を教えてください。

 私立認可保育所以外は、保護者と施設・事業者（園）との契約となります。契約解除については、あらかじめ両者で確認しておくことが必要です。私立認可保育所の場合は行政に相談してください。

施設型給付費（子ども・子育て支援法に基づく公費負担）を受けない幼稚園、認可外保育施設の場合

〈1〉契約関係

保護者と施設・事業者（園）との直接契約となります。したがって、保護者は契約に定められた保育料などの利用料を園へ支払うことになります。

〈2〉園から契約を解除したい場合
　　（退園させたい場合）

保護者との契約に基づき、契約解除をすることになります。したがって、園が契約を解除できる場合を契約書で明確にしておくことが重要です。なお、どのような内容でも定めることができるというわけではなく、公序良俗に反する内容や不合理な内容である場合には無効とされる場合がありますので、社会通念上相当と思われる内容を定めておきましょう。

施設型給付費を受ける幼稚園、認定こども園、公立保育所、地域型保育の場合

〈1〉契約関係

市区町村の関与のもと、保護者みずから施設を選択し、保護者が施設・事業者（公立保育所は施設の設置者が市区町村となります）と契約することになります。

施設型給付費の支給を受ける施設*1については、施設の利用の申し込みがあった時は、「正当な理由」がある場合を除き、施設・事業者（園）は応諾義務を課されています*2。

市区町村の関与する契約ではありますが、保護者と園との契約関係ですので、保護者は保育料（利用者負担額）を園へ支払うことになります。

施設型給付費または地域型保育給付費（公費負担額）は、保護者における個人給付を基礎としますが、確実に学校教育・保育に要する費用に充てるため、市区町村から園が法律に基づいて直接に受領する仕組みになっています。

〈2〉園から契約を解除したい場合
　　（退園させたい場合）

市区町村の関与する契約ではありま

が、保護者と園との契約関係ですので、保護者との契約に基づき、契約解除をすることになります。したがって、園が契約を解除できる場合を保護者との利用契約書や重要事項説明書で明確にしておくことが重要です。市区町村が関与しますので、社会通念上相当でない契約解除事由を定めている場合には、市区町村から修正を求められることが考えられます。

私立保育所（私立認可保育所）の場合
〈1〉契約関係

保育所における保育は市区町村が実施するとされていることから（児童福祉法24条）、保護者と市区町村との契約となります。したがって、保護者は保育料（利用者負担額）を市区町村へ支払うことになります。

私立保育所と市区町村とは公法上の契約（委託契約）を締結します。そして、施設型給付費と利用者負担を合わせた全額が委託費として、市区町村から私立保育所に対して支払われることになります。

〈2〉園から契約を解除したい場合
　　（退園させたい場合）

市区町村から市区町村の保育の実施義務の委託を受けていますので、保護者との契約に基づき、契約を解除する方法で退園をさせるという方法を取ることはできません。保護者との大きなトラブルや、やむを得ない事由があり、保護者に転園をお願いしても保護者が市区町村に転園を申し出てくれないという場合には、市区町村に相談することになります。

参考資料

図　新制度における保育を必要とする場合の利用手順（イメージ）

○ 当分の間、保育を必要とする子どもの全ての施設・事業の利用について、市区町村が利用の調整を行う。（改正児福法附則第73条1項）
○ 認定こども園・公立保育所・地域型保育は、市区町村の調整の下で施設・事業者と利用者の間の契約とする。
○ 私立保育所は市区町村と利用者の間の契約とし、保育料の徴収は市区町村が行う。

［保護者］　保育の必要性の認定の申請　※
［市区町村］　保育の必要性の認定・認定証の交付　　同時に手続が可能
［保護者］　保育利用希望の申込（希望する施設名などを記載）　※
［市区町村］　利用調整　※申請者の希望、施設の利用状況等に基づき調整
［市区町村］　利用可能な施設のあっせん・要請など　※施設に対しては利用の要請を行い、確実に利用できることを担保する。

私立保育所を利用する場合
保護者と市区町村の契約
・保育料は市区町村へ支払
・市区町村から保育所へ委託費を支払

認定こども園・公立保育所・地域型保育を利用する場合
保護者と施設・事業者の契約
・保育料は施設・事業者へ支払（公立保育所は施設の設置者が市区町村）
・市区町村から施設・事業者へ施設型給付又は地域型保育給付を支払（法定代理受領）

保育の利用

「子ども・子育て支援新制度について」（平成29年6月内閣府子ども・子育て本部）46頁より抜粋、改変

＊1：子ども・子育て支援法第27条1項
＊2：子ども・子育て支援法第33条1項

重要事項説明書や入園のしおり・パンフレット

 重要事項説明書や入園のしおり・パンフレットの役割分担を教えてください。特に、入園のしおりについては、重要事項説明書のように行政からのひな形がないため、作成のポイントが知りたいです。

 重要事項説明書と入園のしおり・パンフレットの作成の際は、同意が必要な項目がありますので注意が必要です。また、子どもの写真などを使用する際には保護者からの承諾が必要になります。

入園にいたるまでのツール

　幼稚園、保育所、認定こども園等に子どもを入園させようと思う保護者は、どのような手順で園との契約に至るでしょうか。

　まず、口コミや役所等で、どこにどのような園が存在するかを調べるでしょう。その時に活躍するのが園の「ホームページ」です。

　園の「ホームページ」を保護者が見て、気になる園が見つかれば、次は園に問い合わせをし、見学などをして、園の「パンフレット」をもらうでしょう。この段階で、「入園のしおり」をお渡しする園もあるかもしれません。

　園への見学などで知りたい情報を得た後、保護者は園に入園の申し込みをするでしょう（保育所と、2号・3号認定の場合の認定こども園に関しては、市区町村に利用申し込みを行いますが、ここでは除きます）。

　入園申し込みをするにあたっては、「重要事項説明書」記載の説明を受け、「契約書」にサインをします。契約が締結された後に、「入園のしおり」をお渡しし、「園生活を送るにあたりこちらを読んで遵守してください」という園もあるでしょう。

**「入園のしおり」の
役割の大きさについて**

　この「入園のしおり」の中には、園の施設であったり、年間行事であったり、必要持参物が記載されていることと思います。同時に、「入園のしおり」は、「ホームページ」、「パンフレット」、「契約書」、「重要事項説明書」で説明した内容、例えば保育内容について改めて説明するものでもあります。

　「入園のしおり」は、利用契約締結前は、保護者が入園を決める重要な資料となりますし、利用契約締結後は、保育内容などを保護者に改めて説明することによって、園が契約内容を履行するに際してのトラブルを回避して、スムーズに契約内容を実現するためのツールとなります。

そのため、トラブルが生じそうな事項、裏を返せば、保護者の関心が高い事項について、トラブルを避けるためにあらかじめ情報提供をしておくことが大切です。

また、園の情報提供をしたうえで、保護者に納得して園に申し込みをしてもらうことで、利用者（子ども・保護者）と園とがよりよい関係を築きやすくなります。

なお、「入園のしおり」は、一度作成したら終わりということではなく、保育者や利用者や利用希望者など多くの関係者の意見・要望を反映させて、定期的に見直し、園の実情に合った正しい情報発信ができるよう、改善・改訂することが求められています。

「重要事項説明書」単体での作成は必須か

「重要事項説明書」単体で作成しなくてもよいのではないかとお考えの園の関係者がいらっしゃいます。「契約書」や「入園のしおり」に書いたことと重複するので、「入園のしおり」と「重要事項説明書」を合体させることはできないかという考えです。

基本的には、法令で求められている事項を網羅しているのであれば、「入園のしおり」と「重要事項説明書」を合体させることはできます。ただし、この場合でも、重要事項を説明したうえでの教育・保育の提供の開始についての同意が必要です。また、法令が求めている同意の対象については注意が必要です。

特定教育・保育施設は、利用申込者に対し、

①運営規程の概要
②職員の勤務体制
③利用者負担

④そのほかの利用申込者の教育・保育の選択に資すると認められる重要事項を記した文書を交付して説明を行い、教育・保育の開始について利用申込者の同意を得ること

が法令で定められています。

そのため、前述の①から④が、例えば「入園のしおり」に網羅されている場合は、別途「重要事項説明書」を作成する必要はありません。

実際、「入園のしおり（重要事項説明書）」という題で小冊子を作り、保護者から別途同意書をもらっている園も存在します。

「重要事項説明書」の同意は何に対する同意か

「重要事項説明書」の最後に保護者から署名・押印をもらう箇所の記載について、このように書かれている例があります。

当園における教育・保育の提供の開始にあたり、本書面に基づき重要事項の説明を行いました。

○○認定こども園長　●●

私は、本書面に基づいて○○認定こども園の利用にあたっての重要事項の説明を受け、同意しました。

保護者氏名　●●

この例の後半の表記は、保護者は、認定こども園利用にあたっての重要事項に同意したと読めます。しかし、法令が要求しているのは、教育・保育の提供の開始についての同意です。そのため、

私は、本書面に基づいて○○認定こども園の利用にあたっての重要事項の説明を受

> け、○○認定こども園における教育・保育の提供の開始について同意しました。
>
> 　　　　　　　　　保護者氏名　●●

のように修正するほうが、法令により忠実であると考えます。

子どもの写真を使用する際の注意

　園での活動の様子を写した写真を、園内の掲示板や園のパンフレットに使用するという園もあるかと思います。写真を使用する際には注意が必要です。

　法的な考え方としては、人はみだりに自己の容ぼうなどを撮影されないこと、および自己の容ぼう等を撮影された写真をみだりに公表されないことについて法律上保護されるべき人格的利益を有していると考えられています。

　そのため、他人がみだりに写真を撮影し、公表することにより、その人の利益が害され、それが違法と評価される時は、その行為は肖像権を侵害するものとして、不法行為にあたることとなります。そして、撮影された写真の公表が違法といえるか否かは、被侵害利益の程度や侵害行為の態様を総合考慮して、その侵害が社会生活上受忍の限度を超えるか否かを判断して決すべきであるとされています。

　したがって、写真の公表には注意が必要です。園の写真掲示が不法行為とならないよう、保護者から承諾を得ることと、承諾しないとする保護者の子どもが写り込まないよう細心の注意を払ってください。

写真の利用について
保護者に説明する

　「入園のしおり」でも、「重要事項説明書」でも、契約書でも構いませんので、園としては園内で撮った園児の写真をどのように使う予定があるのかを、あらかじめ説明しておくのがいちばんよいでしょう。

　「入園のしおり」等に記載していない場合であっても、掲載前に、おたよりや連絡文書を全園児の保護者宛に渡しておきましょう。「入園のしおり」に記載するとすれば、次のような記載も一例です。

> 【園の活動中に撮影した写真について】
> 　園の活動中に撮影した写真は、園内の掲示板、おたより、ホームページ、パンフレットに使用することを予定しております。使用するにあたり、あらかじめ保護者様から使用許諾をいただきます。使用をお望みでない保護者様につきましては、お申し出いただければ、お子様の写真をおたよりなどに掲載することのないよう万全の注意を払います。

　このように記載したうえで、園内で撮った園児の写真を①園内で掲示すること、②園からのおたよりに掲載すること、③ホームページに掲載すること、④パンフレットに使用すること、⑤（そのほか、園が園児の写真を使いたいと考えているものがあれば、付け加えてください）、それぞれについて許諾するか否かに○印をつけてもらう文書を配って、保護者に署名・押印してもらったうえで、園に提出してもらってください。

　写真の利用に限らず、保護者との契約をはじめ、同意書や許諾書などはすべて、文書または電磁的方法により記録を残しておくことが重要です。

III インターネット風評被害

Q 保護者や地域の方から「インターネットの掲示板に園の悪い噂がたくさん書かれていた」と言われ、掲示板を見てみると、園が特定できるような表現で事実でないことが書かれていました。書き込みを削除したいのですが、法的に可能なのでしょうか

A 書き込みが権利侵害にあたる場合は、削除可能です。専門家にご相談ください。

法的に書き込みを削除する方法

本問のケースでは、「園の悪い噂」が書かれているとのことです。この書き込みにより、園は、社会的評価が低下する（名誉毀損）という侵害を受けています。

このような権利侵害にあたる書き込みを削除する方法としては、①書き込みをした人に削除を求める、②ネット掲示板管理者等に該当部分の削除を求める、③裁判所に掲示板の該当部分の削除を求める（仮処分を申し立てる）、方法があります。

①は、書き込みをした人がだれかわかって、削除の求めに応じてくれれば問題はありません。

②は、管理者等は、一定の場合には削除の求めに応じる義務がありますが、管理者によっては、一定のポリシーに基づき、なかなか任意の削除に応じてくれないという問題があります。

そこで、問題を強制的に解決するためには、③の仮処分を申し立てることになります。

専門家に任せる

書き込みをした人に対して、名誉毀損罪*1の処罰を求める場合は、警察への相談が必要です。民間会社の中には、第三者が当該書き込みを発見しにくいように工夫するサービス*2を提供する会社もあります。

しかし、書き込みを削除したり、書き込みをした人に対して損害賠償請求などをしたりしたい場合には、弁護士に相談するのがよいでしょう。裁判所を通じてネット上の記事の削除を求めることや、損害賠償請求を行うにあたっては法的な紛争を解決するための専門的な法律の知識が必要です。また、手続きの種類によっては一定の資格を有する専門家以外は代理人として手続きを行うことができない場合があります。

数は少ないのですが、ネット技術の専門家と弁護士が協力して、ネット風評被害をワンストップで解決するサービスを提供している法律事務所もありますので、専門家を探す際の参考にしてください。

---

*1：刑法230条
*2：通称、逆SEOと呼ばれるサービスで、SEOの技術によってPRサイト・中立サイト、風評ブログ等を上位化して、誹謗中傷サイトを押し下げるサービス

IV 先生が子どもを叩いた

第3章 保護者からのクレーム ①

Q 「今日、園で先生に叩かれた」と子どもが泣いて訴えたと、保護者が園にどなり込んできました。しかし、保育者は叩いた覚えはないといいます。その対応を見た保護者からは、園を訴えるといわれています。

あらゆる可能性を否定せず、園ができる精一杯の調査をし、園としての事実認識を固めたうえで、保護者へ丁寧に説明しましょう。

基本的な考え方

園としては精一杯の調査をして、園としての結論を出します。そして、その結論を保護者に説明し、納得してもらえるよう努力し、あくまで事実に基づいて対応をすべきです。

事実関係の調査

まず園は、事実関係の調査をします。

叩かれたという子どもには、具体的に、いつ、どこで、何をしている時に、どうして保育者に叩かれたと思っているのかを詳しく聞き取ります。

次に、叩いたとされる保育者には、どのような状況であったのか、手をはたくなど、叩いたと思われかねない行動をとらなかったかを聞き取ります。

同時に、周囲にほかの園児や保育者がいたのであれば、どういった状況であったのか、保育者とその子との距離や接触の有無などを聞き取ります。

聞き取った内容については文書で記録を作成してください。内容についてはできる限り要約せず、そのままの表現で記録することが望ましいです。また、聞き取りや記録の作成の担当者や日時についても記録を残しておくのがよいでしょう。園児が負傷しているなど深刻な場合や、これらの対応について不安がある場合には、この段階から弁護士等の専門家の助力を得るのがよいでしょう。

事実関係の調査を終えた後

聞き取りを終えたら、事実関係を整理し、園としての結論を出します。そして、結論を保護者に丁寧に説明します。

保育者は叩いた覚えはないといっていても周囲の人の証言などから、叩いた可能性が高いと考えられる場合には、正直に保護者に報告し謝罪を行い、当該保育者には適切な処分をします。

逆に、叩いた事実が認められない場合は、調査の方法、過程、結果を客観的に説明し、納得してもらえるよう努力すべきです。安易に妥協して事実関係と異なる形での謝罪などを行うと、後に訴えられた際に不利となる恐れがあります。

また、叩いた事実がなくとも、今後、その保育者に保育されることを嫌がるかもしれません。可能であれば、その保育者と訴えた子どもとの接点を（担当の変更等により）減らす配慮も必要となります。

第三者委員会の設置

園によっては、行政から、第三者委員会を設置し、委員会の報告を受けて結論を出し、報告するよう求められる場合があります。その場合は、弁護士等の専門家を入れた第三者委員会を設置することになります。

第三者委員会は当事者に中立な立場から客観的に事実関係の調査や法的評価を行うことに意義があり、第三者としての性質が確保されることが重要です。第三者委員会の設置にあたっては、顧問弁護士など園と親しい関係にある人を起用することは避け、客観的に中立性を評価しやすい人を起用することが望ましいです。また、第三者委員会の調査には積極的に協力しましょう。

第3章 IV 保護者からのクレーム ②
保育内容への不満

Q 園の保育内容（泥遊びや異年齢保育や動物飼育など）に不満のある保護者から、保育内容を変更せよとのクレームが出ています。どうしたらよいでしょうか。

まずはよく話し合って、クレームの内容を正確に把握します。どうしても園として折り合えない場合は、転園を促すことになります。

クレームのある保護者との話し合い

　保育内容に不満のある保護者から、保育内容を変更してほしいというクレームが出ている場合、内容にもよりますが、一般に、クラス担任などではなく、主任や園長、副園長など、ある程度権限のある役職者が対応するほうが望ましい場合が多いです。なぜなら、泥遊びや異年齢保育や動物飼育といった、園の方針に基づき、園全体で取り組んでいる内容の場合、担任1人で変えられる内容ではなく、無理に担任が1人で問題を解決しようとすると、担任に大きな負担がかかってしまうからです。

　まずは、保護者に対して、当該要望に関しては、以後は園長など、園で決めた担当者が対応することを伝えます。そして、保護者がクラス担任には直接クレームをいうことがないようにして、クラス担任を守りましょう。

　次に、園長などの担当者が、保護者からの要望を丁寧に聞きます。話し合いを重ねるうちに、保護者は、本当は違うことについての心配（自分の子どもの発達がほかの子よりも遅れていることを気にしているなど）を抱えており、それが異年齢保育への不満につながったのだ、ということがわかる場合があります。

　逆に、純粋に保育内容への不満がある場合も、不満の理由を詳しく聞きましょう。例えば、園児が動物とふれ合い、洋服に動物の毛を付けた状態で帰宅すると、保護者に動物アレルギーがあるから困るというのが不満の理由だったとわかる場合があります。この場合、園は、保育内容を変更せずに、保護者の不満を解消する方策を提案します。例えば、当該園児については、動物とふれ合った後は着替えさせ、動物の毛がついた洋服は園で洗濯することなどです。そうすれば、保護者は不満の理由が解消しますから、納得して動物飼育についてクレームをいわなくなるでしょう。

　泥遊びについても同様です。まずは、園長などの担当者が、泥遊びに反対する理由を詳しく聞きます。例えば、園児が泥遊びで汚した衣類を、家族の洗濯物とは別に洗濯しなければならないのが不満の理由だったとします。この場合、例えば、①泥遊び用の衣類を園に置いておいてもらう、②園が貸し出す、そして①も②も泥遊びのたびに園で洗濯をして次回の泥遊びの時に着用する、ということであれば、保護者の不満は解消し、保育内容を変更してほしいというクレームはなくなると考えられます。

話し合いでは解決できない場合

　どうしても保育内容に不満があり、不満を解消する策について、園の提案では納得いかないという場合は、転園を促すことも視野に入ってきます。

　転園という選択肢を提示することで、保護者も折り合いをつけようとする場合もあります。園として誠意ある対応を続けて、判断を保護者に委ねます。

第3章 Ⅳ

保護者からのクレーム ③

職員への不信感への対応
（男性保育者、新人保育者、パートの保育者）

Q 男性保育者、新人保育者、パートの保育者に対して、保護者が不信感を抱いているふしがあります。その不信感を払拭するために、園ができることはありますか。

新人、男性、パートであっても、園の保育者は専門性を有していることを保護者に説明し、理解してもらいましょう。

不信感の払拭に努める

新人、男性、パートの保育者に対して、保護者が不信感を抱くのには一応の理由があると考えられますので、園は不信感を抱く理由を払拭するようにしましょう。

〈1〉男性保育者の場合

保育士全体に占める男性保育士の割合は、年々増加していますが、それでも、総務省の調査*1によれば保育士全体の3％弱で、まだまだ女性保育士が多数を占めるのが現状です。男性幼稚園教諭についても6.1％*1であり、多いとはいえません。その少数派である男性保育者のうちのごく一部のよくない人物が、園児に対するわいせつ事件などを起こしたとの報道が後を絶たないこともあり、男性保育者に自分の子どもを教育・保育されることに抵抗感をもつ保護者が存在するのは事実です。

しかし、大多数の男性保育者は真面目で、子ども思いで、犯罪者ではありません。

また、保育者は、教育・保育に必要な勉学や技術を修めた専門家であり、単に子どもを育てた経験があるとか、子ども好きで子どもをあやすのが得意であるとかいった人物ではないことを、保護者にしっかり説明し理解してもらいましょう。

そのうえで、それでもまだおむつ替えを男性保育者がするのは不安であるという保護者がいれば、その園児のおむつ替えは女性保育者が必ず行う、男性保育者がおむつ替えをする場合は必ずそばに女性保育者も付き添うなどの対応を検討することになります。

〈2〉新人保育者の場合

新人保育者への不信感は、教育・保育はできるのかという保護者の心配から生じている場合が考えられます。

園として、新人保育者に対する教育体制を整えていることを保護者に説明します。そして、実際に問題が生じた場合は、園長などに知らせてほしいと保護者にお願いし、実際に生じた問題に、園が適切に対応することで、新人保育者に対する不信感も払拭されると考えます。

なお、子育て経験のない保育者を、保護者が見下すような例があるように聞いていますが、保育者は、新人でも子育て経験がなくても、教育・保育の専門家であることには違いがありません。専門家としての適切な教育、保育、指導、助言、援助などにより、保護者からの信頼が得られることでしょう。

〈3〉パートの保育者の場合

パートの保育者に対して保護者が抱く不信感は、決まった時間で労働を切り上げるために、直接会って話をすることができないとか、保育者が交代する際の引き継ぎをきちんと行っているかが心配であるというものではないかと思います。

保育者は、パートであっても、教育・保育の専門家です。保育者が交代する時の引き継ぎについては、園でどのような引き継ぎを行っているかを園だよりなどで知らせたり、パートの保育者は保護者との連絡帳を積極的に活用することや、行事などの際に保護者と積極的に接点をもつことが有効だと考えます。

＊1：2015年国勢調査（2017年12月13日公表データによる）

第3章 保護者からのクレーム ④
理不尽な要求が続くので転園をお願いしたい場合

園児の保護者で、園に理不尽な要求をくり返す方がいます。ほかの園児のいる前で大声で騒いだり職員を脅したりします。園児と職員の安心・安全のために転園をお願いしたいのですが。

まずは第三者を入れて話し合いましょう。それでも解決しない場合は、園児や園の職員を守るため、園は法的措置をとることになります。

法的な考え方

　保育所や幼保連携型認定こども園においては、園児・保護者等からの苦情に迅速かつ適切に対応するため、苦情受付窓口の設置などの必要な措置を講じなければならないとされています*1。幼稚園によっては、自主的に苦情解決制度を設けている園もあるようです。まずは、その仕組みにのっとって解決を図りましょう。

話し合いでの解決を探る

　苦情処理の仕組みとして、第三者委員を入れている園も多いでしょうから、当該保護者からの要求について、第三者委員の立ち合いのもと、当該保護者夫婦と園とで、話し合いを行います。第三者委員を入れていない園の場合、行政の担当者や顧問弁護士などに立ち会いを求めるのも一案です。

　話し合いでは、園が、当該保護者の要求をどのように理不尽であると考えているため要求に応じられないのかや、要求に際しての言動が園児や職員に与える影響等も説明します。また、言動を改めてもらえない場合、転園をお願いするしかないことを理解してもらいましょう。このような問題が生じていることや、当該保護者夫婦と話し合いをすること、その結果、改善しない場合には転園をお願いしたいと考えていることは、早い段階から行政に逐一報告しておいてください。

　話し合いの内容や、改めると決まったことは文書に残して、当該保護者夫婦からサインをもらっておきます。問題が起こるたびに、このような話し合いをくり返します。

話し合いでは解決しない場合

　園が誠実に協議したにもかかわらず、言動が改まらず、園児や職員に被害が生じた場合には、法的な措置をとらざるを得なくなります。園への立ち入りを禁止する仮処分や、損害の賠償を求める民事訴訟を提起することになります。園には園児や職員を守る義務がありますので、もうこの段階では躊躇（ちゅうちょ）をしているいとまはありません。このような事態になる前の早い段階から弁護士に相談しましょう。

*1：児童福祉施設の設備及び運営に関する基準第14条の3第1項、幼保連携型認定こども園の学級の編制、職員、設備及び運営に関する基準第13条第1項

第3章 保護者同士のトラブル①

保護者間のいじめ

ある保護者Xが中心となって、特定の保護者Yを誹謗中傷するなどのいじめをしているようです。Yからの相談などはないのですが、園としてはなんらかの法的責任を負うのでしょうか。

園児の保護者に対するいじめについて、園として安全配慮義務を負うか否かは、その具体的な内容により異なります。

法的な考え方

園は、園児の生命・身体・財産などについての安全に配慮しながら、園児に対し教育・保育を提供する義務（安全配慮義務）を負っています。

これに対し、一般的には、園は、園児の保護者の生命・身体・財産などについての安全配慮義務を負っているとまでは考えられていません。

事実関係を確認する

もっとも、園児の保護者に対するいじめについて、園として安全配慮義務を負うか否かは、その具体的な内容により異なります。

例えば、Yに対するいじめが過激化し、Yの子どもまでもが誹謗中傷の標的となった場合や、保護者であるXたちの態度に影響を受けて園児たちの間でいじめが発生する可能性がある場合には、園児の生命・身体・財産などに危険が生じる恐れがあるといえます。

そのため、こういった場合には、園は、Yと協力して警察や弁護士に相談し、園児を守る体制を整えたり、Yの精神的負担を軽減するための方策をとったりする法的義務を負うと考えられます。

しかし、例えば、抽象的な言葉でYのみを対象として誹謗中傷がなされた場合には、Yは精神的なショックを受けることがあるかもしれませんが、園児の生命・身体・財産等に危険が生じるおそれがあるとまではいえません。

したがって、法的には、園として、Yの精神的負担を軽減するための方策をとらねばならない義務は負っていない、と考えるのが通常です。

もっとも、Xらからのいじめにより、Yの精神状態が不安定になった場合に、直接大きな影響を受けるのは、園児であるYの子どもであると考えられます。したがって、園は、Yに対するいじめが過激化して、Yの子どもにまで及ばないかを注意深く観察するのはもちろんのこと、園が法的には園児の保護者に対して安全配慮義務を負わない段階であっても、専門の相談機関*1を案内・紹介するのが適切であると個人的には考えます。

---

*1：法律に関しての公的な相談機関としては、弁護士会や法テラス等があります（そのほか、市区町村で無料法律相談が行われている場合もあります）。

第3章 保護者同士のトラブル ②

V 保護者が離婚協議中の対応

Q 毎年夏に、園児のうち希望者だけで2泊3日のキャンプを行っています。今年も希望者を募ったところ、離婚協議中の保護者の一方から、危険だから参加させないでほしいといわれ対応に困っています。

A 離婚が成立して保護者の単独親権となっていない限りは、共同親権が原則です。保護者の意見をそろえてもらえない場合は、園としてはどちらの要望にも応じられず、結果、園児は不参加となります。

共同親権の原則

　未成年者は、父母の親権に服します*1。そして、婚姻中の父母は、共同して親権を行使するのが原則です*2。父母双方との間に密接な関係を維持していくのが子の最善の利益にかないますし、父母双方ともに子の養育について同等の責任を負うべきだからです。

単独親権の場合

　他方で、父母が婚姻していない時は、父母の一方が親権者となります。婚姻していない父母が共同で親権を行使することは困難だからです。協議離婚をする時には、父母の協議により親権者を定めなければなりません*3。

本問の場合

　「離婚協議中の保護者」ということですので、まだ、父母は婚姻していると考えられます。前述のように、父母が婚姻中は共同親権が原則です。父母の意見が一致していない以上、いずれからも要望がないものとして取り扱うほかありません。したがって、希望者のみ参加のキャンプには参加させられないという対応とせざるを得ません。また、結果として保護者の一方に対しては参加希望の申込みに応じられないこととなります。そのため、父母の両方が親権者である以上は、父母の意見をそろえてもらわないと園としては対応できないことを伝えたうえで、理解してもらえるよう丁寧に説明する必要があるでしょう。

　なお、共同親権者の一方が共同名義でした行為は、ほかの一方の意思に反した時でも相手方が悪意（この「悪意」とは、「知っている」ということです）でない限り有効であるとされています*4。したがって、本問のケースで、もし、参加に反対している保護者が園に対して何もいわず、園としても保護者の一方が参加に反対している事実を知らなかった場合には、保護者の一方から提出された参加希望の申込書は有効として取り扱っても問題はないということになります。

*1：民法818条1項　　*2：民法818条3項
*3：民法819条1項　　*4：民法825条

第3章 Ⅵ 多様性を認める社会へ ①
バリアフリーへの対応

園の保護者で、障がいをおもちの方がいらっしゃいます。その方から、園舎がバリアフリーになっていないと苦情を受けるのですが、園舎をバリアフリーにする義務はあるのでしょうか。

義務の存否については以下の解説のとおりですが、保護者と話し合うことが大切です。

法的な考え方

バリアフリー法（正式名称は「高齢者、障害者等の移動等の円滑化の促進に関する法律（平成18年6月21日法律第91号）」）においては、一定規模以上の「特別特定建築物」は、建築（用途変更により「特別特定建築物」となる場合を含みます。以下同じ）、増改築の際に、政令で定める建築物移動等円滑化基準に適合させる義務が定められています。

そして、園舎が「特別特定建築物」に該当するのか、該当するとすれば、どのような基準に適合させなければならないのかは、園舎が属する地方自治体の条例を確認する必要があります。

例えば、東京都の「建築物バリアフリー条例」では、すべての規模の保育所、幼稚園、認定こども園が、条例の定める基準に適合させる義務を負います*1。

他方、認定こども園の規模や種類（幼保連携型、幼稚園型、保育所型、地方裁量型）により、「特別特定建築物」にあたるか否かや適合させるべき基準が異なる条例も存在します*2。

本問の園舎が「特別特定建築物」に該当するのであれば、建築や増改築の際には法令に適合する基準を満たすバリアフリーにする義務があります*3。

また、バリアフリー法によって、新たに増改築などを行わない場合でも、既存の「特別特定建築物」を所有、管理または占有している者（すなわち園）は、基準に適合させるために必要な措置を講ずるよう求められています*4（努力義務）。

具体的な話し合いも必要

もっとも、義務のあるなしにかかわらず、当該保護者が園舎のどこにバリアを感じているのかを聞き取りましょう。

一般の人には気づかないバリアなどもありますので、丁寧に聞き取り、そのうえで園に負担の少ない形でそのバリアを取り除くことができないかを保護者と話し合い、物的環境と人的環境の面での解決策を園で検討することが大切だと考えます。

---

*1：「建築物のバリアフリー化をすすめるために！」（建築物バリアフリー条例パンフレット）（東京都　平成28年3月）
*2：新潟県福祉のまちづくり条例参照　　*3：バリアフリー法第14条第1項　　*4：同法第14条第5項

第3章 多様性を認める社会へ ②

発達障がいの子どもへの対応

 発達障がいの園児Aがいます。Aは、お気に入りのクラスメイトのBとしか遊ばず、好意をもってBを頻繁に叩いています。B自身は嫌がっていないようですが、Bの保護者は心配しています。

 園は、障がいのある子どもがほかの子どもとの生活を通じてともに成長するための場ですが、園の安全配慮義務もあるため、家庭や専門機関と相談して対応します。

障がいのある園児への対応

　園には、条約や行政庁の指針により、また、社会通念上も、障がいのある子どもがほかの子どもとの生活を通じてともに成長していけるよう対応していくことが求められています。地域社会で生活する平等の権利の享受と、地域社会への参加・包容（インクルージョン）の考え方に立ち、障がいの有無にかかわらず、すべての園児がともに成長できるようにしていくことが必要です。障がいのある園児への対応として、園は、家庭及び専門機関との連携を図りながら、集団の中で生活することを通して全体的な発達を促すとともに、障がいの種類、程度に応じて適切に配慮することが必要となります。

本問の場合

　障がいのある園児AはBを頻繁に叩いているということです。Bにはまだ具体的な被害が生じていないようですが、Aが頻繁にBを叩くということは、Bの身体に具体的な被害が生じる恐れがあると園は予見できることになります。

　園は、園児の生命・身体などの安全について万全を期すべき安全配慮義務を負っているため、Aの叩くという行為によりBに被害が生じないよう、結果を回避すべき措置をとる必要があります。

　AとBのクラスを分けるのがよいのか、Aに対する専門機関の指導により、Aの叩く行為がなくなるのか、Aに専属の保育者を付けて、Aの行動を見守ればよいのか等、どうすればAがBを叩くという行為がなくなるのかを、Aの家庭や専門機関に相談して、AがBを叩くという行為がなくなるようにしてください。

　そのうえで、Bの保護者は叩かれることを心配しているということですので、それがなくなるように園としてはどのような対応をとるのかを説明し、理解を求めていくことになります。

　インクルージョンは大切な理念ですので、障がいのある子どもとほかの子どもとが安全に成長していけるよう園としては適切な配慮が求められます。

第4章 職員への対応

第4章 時間外労働や休憩時間に関する配慮事項 ①

Ⅰ 36協定

Q 労働時間で話題になる、36（サブロク）協定とはどのような協定でしょうか。我が園でも結ばなくてはいけないのでしょうか。36協定さえ結べば、職員に時間外労働や休日労働をさせても問題ありませんか。

職員に、1日に休憩時間を除いて合計8時間を超える労働をさせること（残業）があるならば、36協定を結ばなくてはいけません。時間外労働や休日労働を命じるためには就業規則などの根拠も必要です。

36協定とは何か

労働基準法＊1では、雇い主は従業員に休憩時間を除き1週間について40時間＊2、1週間の各日については1日に8時間を超えて労働させてはならないと定めています＊3（法定労働時間）。また、休日に関しては毎週少なくとも1日もしくは4週で4日の休日を与えなければならないと定めています＊4（法定休日）。

そして、これらの規定に違反して労働させた場合には、6か月以下の懲役刑または30万円以下の罰金刑の適用があります＊5。

もっとも、実際の園経営においては、行事の準備のために職員を残業させたり、行事のために休日出勤をさせたりすることがあるでしょう。

そこで、労基法36条では、一般的に禁止されている時間外または休日労働を、

① その事業場の従業員の過半数で組織する労働組合がある場合においてはその労働組合
② そのような労働組合がない場合においては従業員の過半数を代表する者

との書面による協定をして所轄労働基準監督署長に届け出ることによって、その協定に定める範囲内で労働させる限りにおいて、罰則の適用を受けないことを定めています。

この協定のことを「36協定」と呼んでいます。

時間外または休日労働

36条協定の締結・届出は、その協定に定めるところによって労働させても労基法違反とはしないという刑事上の免責的効果をもちます。しかし、雇い主の発する時間外または休日労働命令に服さなければならないという従業員の民事上の義務は、36協定から直接生じるものではありません。

通説的見解では、36協定の成立に加えて、労働協約、就業規則、労働契約のいずれかによって時間外または休日労働の業務を定めている場合に時間外労働の義務が生じるものと解されています＊6。したがって、時間外・休日労働を命じるためには、36協定に加えて就業規則などにおける根拠が必要となります。

36協定で何を規定するかについては、労基法施行規則16条に定めが置かれています＊7。なお、法定労働時間外労働に対しては、通常の2割5分以上の＊8、法定休日労働に対しては、通常の3割5分以上の賃金（割増賃金）の支払いが必要です＊9。適法に時間外または休日労働をさせるには36協定を締結し、届け出る必要があります。

なお従業員は、雇用契約上、時間外労働に対して当然に賃金請求権を得ますので、36協定が締結されていないなど、残業命令自体が違法であっても、雇い主は割増賃金支払義務を免れません。

＊1：以下「労基法」と略します。
＊2：保育所で、常時使用する労働者が10名未満の場合には、例外として週44時間が法定労働時間とされます（労基法施行規則第25条の2）
＊3：同法32条　＊4：同法35条　＊5：同法119条
＊6：通達（昭和63年1月1日基発第1号）でも、「労働基準法上の労使協定の効力は、その協定に定めるところによって労働させても労働基準法に違反しないという免罰効果をもつものであり、労働者の民事上の義務は、当該協定から直接生じるものではなく、労働協約、就業規則等の根拠が必要なものであること。」とされています。
＊7：①時間外または休日の労働をさせる必要のある具体的事由、②業務の種類、③労働者の数、④1日および1日を超える一定の期間についての延長をすることができる時間または⑤労働させることができる休日、⑥協定の有効期間、について協定が必要とされています。
＊8：1か月の合計が60時間を超えた時間外労働が行われた場合の60時間を超える時間外労働については5割以上の割増率となります。
＊9：労基法37条

第4章

時間外労働や休憩時間に関する配慮事項 ②

休憩時間の考え方

毎日の休憩時間が少ないことについて、ほかの園から転園してきた職員が、不満をもらしています。どのような対応が必要でしょうか。

労働時間が6時間を超える場合には、45分以上の休憩時間を労働時間の途中に与えなくてはいけません。非常勤職員や事務職員を活用して、必ず休憩時間を与えるようにしてください。

休憩時間の原則

休憩時間とは、従業員が労働時間の途中に休息のために労働から完全に解放されることを保障されている時間をいいます。

労働時間が6時間を超える場合には45分以上、8時間を超える場合は1時間以上の休憩時間を与えなくてはいけません*1。また、休憩時間は従業員に自由に利用させなければなりません*2。

これらは労働条件の最低基準として定められており、強行法規です*3。その理由は、長時間労働を続けた従業員に休憩を与えないと、肉体的・精神的疲労が重なり、就労意欲の減退、作業効率の低下、集中力の欠如による事故をも引き起こしかねず、弊害が大きいからです。

ほかの職種では昼食時に休憩時間を与える例が多いですが、園の職員は、園児と同じ教室で昼食をとったり、園児に給食を食べさせたりしていることも多いでしょう。そのため、この昼食の時間は園の職員にとっては労働時間であり、法的には休憩時間にはなりません。

本問の回答

雇い主には、休憩時間を従業員に自由に利用させる義務が課されています。休憩時間に労働させた雇い主は、その義務を違反したことになり、6か月以下の懲役もしくは30万円以下の罰金を科せられます*4。

また、従業員が雇い主の指揮・命令によって休憩時間に労働をすれば労基法上は当然「賃金債権」が発生します。したがって、雇い主は従業員に対し、賃金支払義務を負います。さらに、その労働時間が結果的に時間外労働となっていた場合には、割増賃金の支払義務が生じます。

過去には、従業員が休憩時間を奪われたことにつき、精神的損害を被ったとして、慰謝料請求を認めた判例*5もあります。

管理監督者を除くすべての職員が法律で決められた休憩時間を取れるよう、非常勤職員や事務職員を活用してください。

---

*1：労基法34条1項　　*2：同法34条3項　　*3：同法13条
*4：同法119条1号　　*5：住友化学名古屋製造所事件・名古屋高判昭和53.3.30労判299号17頁

第4章 I

時間外労働や休憩時間に関する配慮事項 ③

休職・復職

業務外の原因によるうつ病で、休職に入る職員がいます。復職を巡ってもめる事例が多いと聞きましたので、もめないためのポイントを教えてください。

休職に入る前に、職員本人の同意を得て主治医と面談しましょう。職員の主治医との十分な情報交換がトラブル回避の鍵となります。休職期間中に、職員と定期的に面談することもポイントです。

休職とは

休職とは、従業員の就労が不能または不適当な事由が生じた場合に、労働関係を存続させつつ、労務への従事を免除ないし禁止する措置です。

労働協約や就業規則の定めに基づき、雇い主の一方的な意思表示としての休職命令か、労使の合意でなされます。

業務外の原因によるうつ病での休職の場合

就業規則等の定めによりますが、業務外の原因によるうつ病での休職の場合、従業員が「治癒」した時には休職は終了して復職するが、うつ病から回復しないまま休職期間満了となった場合には、自然退職または解雇となるというのが一般的です。

そのため、この「治癒」を巡って従業員の主治医の所見と、雇い主側の立場の産業医の所見が厳しく対立することがよくあります。

復職を巡るトラブルを回避するには

トラブルを回避するには、休職に入る前に、職員本人の同意を得て園が主治医と面談することがポイントです。

具体的には、当該職員の診察に同行させてもらい、園は主治医から、当該職員の診療経過を聞き取りましょう。同時に、当該職員との雇用契約の内容や、病気になる前の当該職員の仕事ぶり、復職に必要な当該職員の回復の程度を主治医に伝え、理解してもらいましょう。

休職に入るにあたって、当該職員に対し、復職に必要な当該職員の回復の程度*1に達しない場合は、復職できず、自然退職または解雇となるということを十分に説明し、十分理解させたうえで休職に入らせることも重要です。

さらに、休職中に職員と定期的な面談をしたり、主治医と十分な情報交換をし、必要があればリハビリ出社なども行わせたりしたうえで、復職できるかどうかの判断をすることで、復職を巡るトラブルの回避の可能性が高まります。

---

*1：雇用契約で想定されている業務を通常の程度行うことができる状態を指します。

第4章 Ⅱ

職員内でのハラスメントに関する対策 ①
ハラスメントの予防

Q セクシャルハラスメント（以下、セクハラ）、パワーハラスメント（以下、パワハラ）、マタニティハラスメント（以下、マタハラ）などの職場のハラスメントについて、どのような対策が必要ですか。

ハラスメントの予防のために、防止体制・規定の整備、相談体制の整備、解決のために、迅速かつ適切な対応が必要となります。

職場におけるハラスメント

　職場におけるセクハラとは、「職場において行われる労働者の意に反する性的な言動で、その対応により雇用上一定の不利益を与えたり、労働環境を悪化させたりすること」をいいます。職場におけるパワハラは、本書58頁をご覧ください。

　マタハラは、具体的な内容により、次の①か②のいずれかに分類されます。
　①妊娠・出産したこと、育児等のための制度を利用したこと等を理由として、事業主が行う解雇、減給、降格、不利益な配置転換、契約を更新しない（契約社員の場合）といった行為（妊娠・出産・育児休業等を理由とする不利益取扱い）
　②妊娠・出産したこと、育児等のための制度を利用したこと等に関して、上司・同僚が就業環境を害する言動を行うこと（妊娠・出産・育児休業等に関するハラスメント）

防止体制・規定の整備

　まず、以下のような園の方針の明確化とその周知・啓発が必要です。
ⅰハラスメントとされる行為の内容やハラスメントがあってはならない旨の方針を明確化し、全職員に周知・啓発する
ⅱハラスメントの行為者については、厳正に対処する旨の方針・対処の内容を就業規則等の文書に規定し、全職員に周知・啓発する

相談体制の整備

　次に、苦情を含む相談に応じ、適切に対応するために、以下のような必要な体制を整備してください。あらゆるハラスメントの相談について一元的に応じることのできる体制を整備することが望ましいとされています。
ⅲ相談窓口をあらかじめ定める
ⅳ相談窓口担当者が、内容や状況に応じ適切に対応できるようにする、また、広く相談に対応する

事後の適切な対応

　職場のハラスメントが起こってしまった場合、事後の迅速かつ適切な対応が必要となります。具体的に求められるのは以下のとおりです。
ⅴ事実関係を迅速かつ正確に確認する
ⅵ事実確認ができた場合は、行為者及び被害者に対する措置を適正に行う
ⅶ事実が確認できたか否かにかかわらず、再発防止に向けた措置を講ずる

留意点

　ⅰ〜ⅶの措置と合わせて講ずべき措置があります。
ⅷ相談者・行為者などのプライバシーを保護するために必要な措置を講じ、周知する
ⅸ相談したこと、事実関係の確認に協力したこと等を理由として不利益な取り扱いを行ってはならない旨を定め、全職員に周知・啓発する

　なお、「相談体制の整備」や「事後の迅速かつ適切な対応」については、外部専門家を活用することをお勧めします。

第4章

II 職員内でのハラスメントに関する対策 ②
パワーハラスメント

Q 退職間近の職員から「主任からパワーハラスメント（以下、パワハラ）を受けて苦痛だった。ほかの職員もがまんしている」と言われました。園長としては見過ごせない問題ですが、どのように対応したらよいでしょうか。

職員がパワハラだと言ったことについて、具体的な事実関係を調査したうえで、その事実に対して適切な検討をします。パワハラにあたらなかったとしても、職場の環境を改善する必要があるかもしれません。

パワハラとは何か

厚生労働省のワーキング・グループ*1が2012年1月にとりまとめた報告書*2によれば、職場のパワハラとは、「同じ職場で働く者に対して、職務上の地位や人間関係などの職場内での優位性を背景に、業務の適正な範囲を超えて、精神的・身体的苦痛を与える又は職場環境を悪化させる行為」です。そして、「職場内での優位性」については、「上司から部下に行われるものだけでなく、先輩・後輩間や同僚間、さらには部下から上司に対して様々な優位性を背景に行われるものも含まれる」とされています。

職場でパワハラが行われた場合、仮に園が加担していなくとも、例えば以下のような形でその責任を問われる可能性があります。

〈例〉
・安全配慮義務違反による債務不履行責任
・使用者責任としての不法行為責任

本問の場合

まずは、当該職員から主任のどのような行為をパワハラだといっているのかなど、詳しい事情を聞き取りましょう。そのうえで、園のほかの職員から、匿名のアンケートを取ったり、だれがいったかを伏せることを約束したうえで個別に聞き取りを行ったり、当該主任から聞き取りを行ったりといった事実関係の調査をする必要があります。

事実関係の調査に際して、担当できる部署がない場合や調査が困難な場合には弁護士など外部の専門家の協力を求めることが望ましいでしょう。

調査の結果、パワハラなどの違法な行為が行われた事実が判明した場合には、主任及び園は法的な責任を負いますので、被害者への謝罪や、主任に対する適切な懲戒処分を検討することになります。

一方、パワハラなどの違法な行為が行われた事実がないのであれば、前述のような対応は必要ありませんが、当該職員が納得しない場合には、園に対して損害賠償請求訴訟が提起される恐れもあり、事実の有無については慎重に判断すべきです。また、パワハラなどの事実がない中で、当該職員が働きづらさを感じていたとするならば、それはどういった理由からなのか、職場の環境を改善する必要はないのか、といった点についても園の運営上検討されるのが望ましいでしょう。

予防策

園は、パワハラ対策として雇用管理上必要な措置を講ずる必要があります。

厚生労働省の運営するサイト「あかるい職場応援団」や、「パワーハラスメント対策導入マニュアル　予防から事後対応までサポートガイド　第2版」等の資料がありますので、それらを参考に、周知・啓蒙を図り、必要な体制を整備してください。職員がパワハラのない職場で気持ちよく働けるよう、積極的に取り組みましょう。

＊1：職場のいじめ・嫌がらせ問題に関する円卓会議ワーキング・グループ
＊2：職場のいじめ・嫌がらせ問題に関する円卓会議ワーキング・グループ報告（平成24年1月30日）

第4章 III

職員の採用または継続での配慮事項 ①
採用に関する質問項目

 職員の採用面接で、質問してはいけない事項があると聞きました。それはどのような事項でしょうか。ほかにも面接で気をつけることがあれば教えてください。

就職差別を疑われる恐れがある質問をすることや、調査をすることは避けるべきです。また、募集・採用にあたって男女で異なる取り扱いをすることも禁止されています。

採用選考の基本的な考え方

園には採用の自由があり、どのような者をどのような条件で雇うかについて、法律などによる特別の制限がない限り、原則として自由に判断することができます。他方、応募者は「職業選択の自由」（憲法22条1項）を有しています。これは、だれでも自分の適性・能力に応じて職業を選べるという自由ですので、不合理な理由で就職の機会が制限されないということ、すなわち「就職の機会均等」が要請されていると考えられています。また、応募者の基本的人権を侵してまで、採用の自由が認められているわけではありません。

そのため、採用選考にあたっては①応募者の基本的人権を尊重すること②応募者の適性・能力のみを基準として行うことの2点を基本的な考え方として実施することが大切です。

面接で質問してはいけない事項

園は、応募者の適性・能力に関係のない事柄について、応募用紙に記入させたり、面接で質問したりして把握しないようにすることが重要です。これらの事項は採用基準としないつもりでも、把握すれば結果としてどうしても採否決定に影響を与えることになってしまい、就職差別につながる恐れ、あるいは、就職差別を疑われる恐れがあります。

以上をふまえて具体的に採用選考時に配慮すべき事項を考える場合は、厚生労働省・各都道府県労働局・ハローワーク（公共職業安定所）が「採用選考時に配慮すべき事項〜就職差別につながるおそれがある14事項〜」として掲げる事項が参考になります。その内容は以下のとおりです。

本人に責任のない事項の把握
①「本籍・出生地」に関すること（注：「戸籍謄（抄）本」や本籍が記載された「住民票（写し）」を提出させることはこれに該当します）
②「家族」に関すること（職業・続柄・健康・地位・学歴・収入・資産など）（注：家

族の仕事の有無・職種・勤務先などや家族構成はこれに該当します）
③「住宅状況」に関すること（間取り・部屋数・住宅の種類・近隣の施設など）
④「生活環境・家庭環境など」に関すること
⑤「宗教」に関すること
⑥「支持政党」に関すること
⑦「人生観・生活信条など」に関すること
⑧「尊敬する人物」に関すること
⑨「思想」に関すること
⑩「労働組合・学生運動など社会運動」に関すること
⑪「購読新聞・雑誌・愛読書など」に関すること

採用選考の方法

⑫「身元調査など」の実施（注：「現住所の略図」は生活環境などを把握したり身元調査につながる可能性があります）
⑬「全国高等学校統一応募用紙・JIS 規格の履歴書（様式例）に基づかない事項を含んだ応募書類（社用紙）」の使用
⑭「合理的・客観的に必要性が認められない採用選考時の健康診断」の実施

　なお、個人情報保護の観点からも、職業安定法第5条の4*1および平成11年告示第141号*2により、社会的差別の原因となる恐れのある個人情報などの収集は原則として認められません。

面接担当者に求められる姿勢等

　面接を行う場合、職務遂行のために必要となる適性・能力を評価する観点から、適性と能力に関係のない事項を尋ねないように、あらかじめ質問項目や評価基準を決めておきます。

　もっとも、面接は、しばしば話の流れの中で様々な展開を見せる流動的なものです。そのため話の流れの中でうっかり尋ねた事柄や、応募者の緊張を和らげよ

うと聞いた事柄の中にも、就職差別につながる恐れのある事項が含まれたり、応募者の人権を侵したりする場合があります。このような事態が起きないよう、具体的な質問内容を記載した面接マニュアルを用意することも1つの方策です。

　より根本的には、面接担当者が、前述の採用選考の基本的な考え方を十分理解しておく必要があります。これにより、常に臨機応変に適切な対応ができるようにしておくことが重要です。

　なお、仮に職務上必要なストレス耐性を評価するなどの意図がある場合であっても、面接担当者が過度に威圧的な態度をとり、応募者の人権や人格を損なうようなもの（いわゆる圧迫面接）とならないように、十分注意しましょう。

男女雇用機会均等法について

　男女雇用機会均等法では、募集・採用にあたって男女で異なる取り扱いをすることを禁止しています。

　例えば、女性にだけ結婚後、出産後の就業継続意識を質問すること、男性にだけ幹部候補となる意欲を聞くこと等、男女いずれか一方の性に対してのみ一定の事項について尋ねることや、「女性は結婚したら家庭に入るべき」、「男性なら大きな仕事をするべき」といった固定的な男女役割分担意識に基づいた発言、例えば、「結婚、出産しても働き続けられますか？」といった質問は、男女雇用機会均等法の趣旨に違反する質問となりますのでご注意ください。

*1：職業安定法（抄）（求職者等の個人情報の取扱い）第5条の4　公共職業安定所等は、それぞれ、その業務に関し、求職者、募集に応じて労働者になろうとする者又は供給される労働者の個人情報（以下この条において「求職者等の個人情報」という。）を収集し、保管し、又は使用するに当たっては、その業務の目的の達成に必要な範囲内で求職者等の個人情報を収集し、並びに当該収集の目的の範囲内でこれを保管し、及び使用しなければならない。ただし、本人の同意がある場合その他正当な事由がある場合は、この限りでない。（以下略）（注：これらの法令中の「公共職業安定所等」には、「労働者の募集を行う者」も含まれます。）
*2：職業紹介事業者、労働者の募集を行う者、募集受託者、労働者供給事業者等が均等待遇、労働条件等の明示、求職者等の個人情報の取扱い、職業紹介事業者の責務、募集内容の的確な表示等に関して適切に対処するための指針（平成11年労働省告示第141号）

III 試用期間

第4章 職員の採用または継続での配慮事項 ②

Q 今年の新人は長続きしないような気がするので、仕事ができるできないなど様子を見極められるまで試用期間を少しずつ延長することはできますか？

A 試用期間中の従業員は、本採用を期待してほかの職場で働く機会と可能性を放棄しています。本採用までの期間を少しずつ延長することは認められません。

試用期間についての解説

　試用期間とは、採用にあたって一定の期間を定め、その期間中に勤務態度、能力、技能、性格などをみて本採用するか否かを決定する制度です。

　判例は、通常の「試用」は、雇い主の解約権が留保された労働契約であると判断しています*1。すなわち、当初から期間の定めのない通常の労働契約が成立していますが、試用期間中は雇い主には従業員の不適格性を理由とする解約権が大幅に留保されているというものです。

　このように、試用期間中は、本採用後と比較して、より広範に解約権の行使が認められますので、長期の試用期間を認めることは、従業員の地位をいたずらに不安定にするものといえます。

　したがって、雇い主側の事情による試用期間の延長は、安易に認めることはできず、延長について就業規則等に根拠があり（延長の可能性及びその事由、期間等の明定が必要です）、かつ、当初予定した職務への適格性はないが、なお職務適格性を見出すために行われる*2など、延長を認めることが従業員の利益を著しく損なわない場合に限って認められることになります（もちろん、個別の従業員の真摯な同意があれば、試用期間の延長は可能ですが、実際に紛争になった場合に真摯な同意があったと立証することは簡単ではありません）。

　つまり、雇い主は、原則として、当初定めた試用期間が満了した時点で、本採用するのか、本採用拒否をするのかを決めなければならず、本採用拒否事由がなければ、たとえ本意でなくても本採用をせざるを得ないということになります。

　なお、試用期間の長さ自体に特別な制限はなく、一般には1か月から6か月程度です。1年以上の試用期間は長すぎであり、公序良俗違反で無効となるものと考えられます*3ので、試用期間の延長がある場合でも、当初の試用期間と合計して1年以内とすべきです。

本問に対する回答

　前述のとおり、雇い主は、原則として、当初定めた試用期間の満了時に、本採用か否かを決める必要があります。

　「期限を定めずになす試用期間の延長は、何回にもわたる延長を認めるに等しく、解雇保護規定の趣旨から到底許されないところであり、期限を定めずになされた延長は、相当な期間を超える限度において無効というべきである」と判示する判例*4もあり、この判例によれば、延長のくり返しは無効とされます。

結論（とるべき対応方法）

　試用期間の延長は、就業規則などに根拠があり、かつ、従業員の地位をいたずらに不安定にしない限度でのみ認められます。実務的には、試用期間中に問題があったならば、早期に対処することが適当です。園と合わない可能性があるならば、早めに教えて、従業員に次のキャリアの準備にとりかかってもらったほうがよいでしょう。

＊1：三菱樹脂事件・最判昭48.12.12民集27巻11号1536頁
＊2：雅叙園観光事件・東京地判昭60.11.20労判464号17頁
＊3：ブラザー工業事件・名古屋地判昭59.3.23判時439号64頁
＊4：上原製作所事件・長野地諏訪支判昭48.5.31判タ298号320頁

III インターンシップ

第4章　職員の採用または継続での配慮事項 ③

Q 園の職員の採用活動の一環として、インターンシップを取り入れようと考えています。園としてはどのような点に注意したらよいか教えてください。

労働関係法令の適用の有無、安全・災害補償の確保、個人情報の採用活動への利用の可否などが注意点となります。

インターンシップとは

インターンシップとは、一般的には学生などが企業などにおいて特定の職の経験を積むために実習・研修的な就業体験をする制度です。その具体的な内容については、受け入れる側によって様々です。

ここでは採用活動の一環として行うインターンシップの場合に共通して問題となり得る点を挙げていきます。

労働関係法令の適用の有無

インターンシップとはいっても、受け入れる側と学生などとの間に使用従属関係等があると認められる場合については、労働関係法令が適用されることがあります。この場合、通常の従業員と同様に給与の支払いが必要であり、最低賃金制度等のルールについても遵守しなくてはなりません。

インターンシップで受け入れる学生などを従業員と同様の労働に従事させることを想定している場合には、原則として、使用従属関係等があるものと考えて、労働関係法令に違反するところがないか注意すべきです。

安全・災害補償の確保

一般に、雇い主は従業員に対して労働安全衛生法や雇用契約に基づいて、従業員の安全に配慮する義務を負っています。インターンシップで受け入れる学生等についても従業員と同様に安全への配慮を行うべきだといえるでしょう。

不幸にも事故が生じてしまうことはあるため、インターンシップ中に学生などに事故が生じた場合の責任や補償についてもあらかじめ検討しておきましょう。

従業員については、労働者災害補償保険法に基づく、いわゆる労災制度による補償がありますが、インターン中の学生については、労働者性が問題となるために労災制度による補償がなされない恐れがあります。

このため、園としては、大学・専門学校などと十分に協議して責任範囲を明確にするとともに、必要に応じて学生個人に災害傷害保険や損害賠償責任保険に入ってもらうことも考えられます。

個人情報の採用活動への利用の可否

園の職員の採用活動の一環としてインターンシップを行う場合、インターンシップで取得した学生等の個人情報を採用活動などに使用するには、個人情報保護法に違反しないよう注意する必要があります。

したがって、もしもインターンシップで取得した学生等の個人情報を採用活動などに使用するのであれば、そういった利用目的を学生などに対して明示したうえで、同意を得ておくのがよいでしょう。

なお、「インターンシップの推進に当たっての基本的考え方」（平成26年4月8日一部改正　文部科学省、厚生労働省、経済産業省）*1においては、就職・採用活動開始時期より前に行うインターンシップで取得した学生の個人情報については、採用活動に使用すべきでないとされているため、注意が必要です。

---

*1：http://www.meti.go.jp/policy/economy/jinzai/intern/sanshou_kangaekata.pdf

III 職員の解雇

第4章 職員の採用または継続での配慮事項 ④

Q 業務を指示した通りにやらず、報告・伝達ミスが多くて、保護者から悪評が立つ困った職員がいるのですが、今すぐ解雇できるのでしょうか。

A 職員の勤務態度が悪い場合でも、まずは勤務態度に対する注意、指導、教育、監督を十分に行い、改善のために必要な配置転換などを試みる義務があります。

解雇の原則

解雇は、客観的に合理的な理由を欠き、社会通念上相当であると認められない場合は、その権利を濫用したものとして、無効とされます（労働契約法16条）。同条は、多数の判例の積み重ねによって確立された「解雇権濫用法理」を明文化したものです。「客観的に合理的な理由」とは、解雇に値する事由にあたる事実があることをいい、①従業員の労務提供の不能や労働能力または適格性の欠如・喪失、②従業員の規律違反の行為、を含む4つ*1に大別されます。「社会通念上相当であると認められない」とは、解雇理由としては客観的に認められるが、その理由で解雇するのはあまりに酷だと思われるような状況にあることをいいます。

勤務態度を理由とする解雇

本問のような、勤務態度不良を理由とする普通解雇*2の場合、解雇が解雇権の濫用として無効とされないためには、どのような基準を満たすことが必要なのでしょうか。

判例では、一般に、ⅰ勤務態度不良の重大性（雇用関係の破綻）、すなわち「企業経営や運営に現に支障・損害を生じ又は重大な損害を生じるおそれがあり、企業から排除しなければならない程度に至っていること」*3、及び、ⅱ改善の余地のないこと（解雇回避措置の有無）、すなわち「是正のため注意し反省を促したにもかかわらず改善されないなど、今後の改善の見込みもないこと」*3が必要であるとされています。ⅱの基準は、例えば、指導、教育、配置転換などを採りうる場合には、当該事由は解雇事由にならないという含意をもっています。

本問に対する回答

本問の職員は、業務を指示通りにやらず、報告・伝達ミスも多いということですが、園の「経営や運営に現に」どのような「支障・損害を生じ、又は」どのように「重大な損害を生じる恐れがある」のかが不明です。保護者から悪評が立ってはいても、園に対して直接、改善の要望があったわけではなさそうですし、その職員が原因で入園希望者が減ったというような損害が生じたわけでもなさそうです。「"社会人として使いづらい"程度」の勤務態度不良ですので、具体的な事情により異なりますが、一般には前述ⅰの勤務態度不良の重大性が否定されるでしょう。

とるべき対応方法

前述ⅰⅱの基準を満たすということを明らかにするために、解雇に先立って、当該職員の勤務態度を細かく記録したり、注意や指導、教育、配置転換などにより改善を試みた状況を記録したりして、証拠を積み上げておくことが必要です。そのうえで、いざ、解雇をする際には、問題をこじらせないように、専門家に相談して実行することが重要です。

---

*1：ほかに、③経営上の必要性に基づく理由、④ユニオン・ショップ協定に基づく組合の解雇要求、があります。
*2：著しい勤務態度不良を理由とする懲戒解雇については、判例の判断基準も異なります。
*3：エース損害保険事件・東京地裁決定平13.8.10労判820号74頁

67

第4章 III

職員の採用または継続での配慮事項 ⑤

非正規職員の雇用の延長

 契約期間を定めている園の臨時職員が、契約期間後も雇用の継続を求めてくる場合があると聞きました。園としてはどのような対応をしておけば、法的には問題となりませんか。

 契約期間通り契約終了（雇止め）するためには、契約当初から手続きをとることが必要です。日ごろから法令の定める各種手続きを遵守するよう心がけましょう。

有期労働契約について

　有期労働契約（期間を定めて締結された労働契約）については、契約更新のくり返しにより、一定期間雇用を継続したにもかかわらず、突然、契約更新をせずに期間満了をもって退職させるなどの、いわゆる「雇止め」を巡るトラブルが、数年前に大きな問題となりました。

　そこで、このようなトラブルを防ぐため、労働契約に関する法令が整備され、「雇止め」に対する一定の制限が定められました。

契約締結時

　雇い主は、有期契約の従業員に対して、契約の締結時に①その契約の更新の有無及び②契約更新に関する判断基準を書面で明示しなければなりません*1。

雇止めの予告・理由の明示

　雇い主は、有期労働契約（有期労働契約が3回以上更新されているか、1年を超えて継続して雇用されている従業員に限ります。なお、あらかじめ当該契約を更新しない旨を明示されているものを除きます）を更新しない場合には、少なくとも契約の期間が満了する日の30日前までに、その予告をしなければなりません*2。また、雇い主は、雇止めの予告後または雇止めの後に従業員が雇止めの理由について証明書を請求した場合は、遅滞なくこれを交付しなければなりません*3。明示すべき「雇止めの理由」は、契約期間の満了とは別の理由とすることが必要です。

無期転換ルール

　無期転換ルールとは、労働契約法の改正により、平成25年4月1日以後に開始した有期労働契約が更新されて通算5年を超えた時に、従業員の申込みにより、期間の定めのない労働契約（無期労働契約）に転換されるルールのことです。

　無期転換ルールを避けることを目的として、無期転換申込権が発生する前に雇止めをすることは、労働契約法の趣旨に照らして望ましいものではありません。

---

*1：労基法施行規則5条　　*2：有期労働契約の締結、更新及び雇止めに関する基準（平成15年厚生労働省告示第357号）「雇止め告示」第2条
*3：雇止め告示第3条

第4章 職員の不祥事への対応 ①
IV 職場恋愛の禁止

園の職員同士で不倫しているようだという情報が入りました。不倫である場合はどうすればよいでしょう。また、職場恋愛を禁止する方法はありますか？

不倫は民事的には違法な行為となりますので、禁止することができます。不倫ではない職場恋愛自体を規制することは難しいため、職場恋愛が引き起こす事象に着目し、的確に対処することが重要です。

職場恋愛が不倫である場合

不倫は、一方または双方が婚姻しているにもかかわらず、ほかの異性と情を通じるということであり、園の職務とは関係ありませんが、民事的には違法な行為となります。また、反倫理的・反社会的な行為です。

判例*1によれば、職務遂行に関係ない行為であっても、企業の社会的評価を低下させる恐れがある場合や企業の運営に具体的な影響を与えるものについては、就業規則で懲戒事由として定めた「職場の風紀・秩序を乱した」として懲戒の対象とできる場合があります。

また、人事異動で一方または双方の職場を変更することによって、その不倫関係にある職員が少なくとも職場での接触はないか、または少なくなる状況にするなどの現実的な対応も検討すべきです。

不倫ではない職場恋愛の場合

不倫でない限り、職場での恋愛自体を禁止することは、個人のプライバシーや自由の侵害にあたり、難しいと考えるのが一般的です。

もっとも、不倫でない職場恋愛であっても、行き過ぎた場合には制限する余地はあります。例えば、人目をはばからず職場内でベタベタしているということであれば、職員の士気の低下や園児に対する悪影響が生じる恐れがありますから、こういった行為に着目しての制限は可能でしょう。

場合によっては懲戒処分も

服務規律で私的な会話を制限する規定を設けるのも一案です。恋愛関係にある職員の行動により、彼ら自身の職務怠慢と認められる場面が生じた場合はもちろんのこと、彼らの行動が職場の秩序を乱すと判断される場合には、懲戒処分の対象となると考えてください。

懲戒処分は、いきなり行使するのではなく、彼らの行動に対して普段から注意をしておくなど、職場の秩序を維持する姿勢を事前に示しておきましょう。

*1：繁機工設備事件・旭川地方裁判所平成元年12月27日

第4章 職員の不祥事への対応 ②
園内のものがなくなった時

園の備品である、ボールペンや絵本を、無断でもち帰っている職員がいます。法的には問題ないのでしょうか。もしも、より高価なデジタルカメラなどがなくなった時には、所持品検査をしてもよいのでしょうか。

もち帰った備品を私物化していれば犯罪が成立します。民事上も不法行為となり、損害賠償責任の追及が可能です。ただし、所持品検査はプライバシー侵害の度合いが強く、専門家に相談が必要です。

園の備品の私物化

園の備品は、園の所有物であり、職員は、業務に必要な範囲でのみ使用・処分することができるに過ぎません。

刑事上は、園が各職員に支給したボールペンのように、各職員に貸与されていて、当該職員が自分で管理しているものを私物化した場合は、業務上横領罪*1が成立します。園の共用の絵本やデジタルカメラのように、園にある備品で、当該職員が管理していないものを私物化した場合は、窃盗罪*2が成立します。

民事上は、どちらの場合も不法行為にあたり、損害賠償請求*3が可能となります。

注意点

備品をもち帰っていても、それが、業務に使用するためであれば、私物化したとはいえません。例えば、共用の絵本をもち帰り、園児に読み聞かせる練習をしていたのであれば、犯罪は成立しません。

所持品検査については、プライバシー侵害の度合いが強いので、注意が必要です。そもそも雇い主が従業員に対し所持品検査を行うことは、業務上の不正防止など、企業の経営維持にとって必要とされる場合であっても、当然に適法視されるものではなく、一定の要件を満たすことが必要と考えられています*4。その場では、職員は所持品検査に口頭で同意していたとしても、就業規則等の根拠なしに行うと、後日、同意は真意に基づくものではなかったとして争われ、違法とされる可能性があります。

対処法・予防法

備品の私物化が発覚した場合は、その被害額・頻度・態様などにより、指導や適切な懲戒処分を加える必要があります。

犯罪者を出さないためにも、職員には、「園の備品は業務に必要な範囲のみでしか使用・処分できない」ということを周知・徹底させましょう。

*1：刑法253条
*2：刑法235条
*3：民法709条
*4：最高裁昭和43年8月2日第二小法廷判決・民集22巻8号1603頁参照

第4章 職員の不祥事への対応 ③

職員が個人情報を流出させてしまった時

保護者からの連絡で、職員が個人のFacebookに園児の愛称や顔写真を含む、園での活動の様子などを掲載していることが発覚しました。どのような対応をとればよいでしょうか。

職員に掲載を削除させ、就業規則の個人情報の保護や守秘義務の定めにのっとって、注意や処分を行います。事実関係を調査したうえで再発防止策を検討し、保護者と行政に報告します。

個人情報の範囲

園児の愛称は、「特定の個人を識別することができるもの」*1（ほかの情報と容易に照合することができ、それにより特定の個人を識別することができることとなるもの）にあたる場合があり、その場合は、個人情報であることになります。また、園児の顔写真は個人情報にあたります。したがって、園の職員はFacebookというソーシャル・ネットワーキング・サービス（SNS）に個人情報を漏洩したことになります。

加えて、園児の愛称とともに活動内容などが書かれることにより、園児のプライバシーが侵害される場合がありますし、保護者の方が不安に思われることもあるかと考えられます。

一般に、多くの園では、就業規則で個人情報の保護や守秘義務について定めているものと思います。加えて、職員に対して、個人情報を漏らさないことを誓約させたり、研修などを通じて、利用者等に損失・不利益を与える（またはその恐れのある）情報をSNSに掲載してはならないということや、職務中に知り得た情報を掲載してはならないことを職員に周知したりしていることと思います。

これらのことが前提となりますが*2、園は、当該職員に、本問で問題となっている掲載を削除するように求めてください。そして、当該行為について、園の就業規則にのっとって、当該職員に対して、注意または相当の処分をくだしてください。

とるべき対応方法

また、問題への対応としては前述に加えて、今回、なぜそのようなことが起こってしまったのか、事実関係を調査し、再発防止策を検討して、保護者と行政*3に報告してください。

このような事態が二度と起こらないよう、個人情報の取り扱いやSNSの利用方法について、職員に対する再度の研修をするなどの方法により、改めて周知することが重要です。

---

*1：個人情報保護法第2条1項1号
*2：就業規則などに本文のような定めがない場合や、職員に対して十分な教育を行っていない場合には、対応が難しくなることがあります。そのような園は、本件のような事案が発生する前に、早急に就業規則を整備したり、職員に対しての教育を行ったりしてください。
*3：園を管轄する市区町村を想定しています。個人情報保護委員会への報告は努力義務とされていることから、園の判断となります。

IV 内部通報・ホットライン

第4章　職員の不祥事への対応 ④

Q リスク管理のセミナーを受講したところ、企業などではコンプライアンス面のリスクを減少させるためにホットラインを活用していると聞きました。園でもホットラインを導入できるでしょうか。

A ホットラインは、企業等の組織の内部で発生した法令違反やコンプライアンス違反などの事実を把握・解消するための内部通報システムです。園でも導入できますので活用してください。

ホットラインとは

ホットラインは、園内で起きている法令違反、コンプライアンス違反などの事実を認識した職員が組織の構造や人間関係などの障壁に妨げられることなく担当部署に知らせるためのシステムです。

ホットラインの具体的な仕組み

ホットラインの具体的な仕組みは、例えば以下のとおりです。

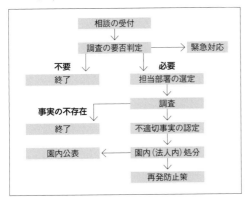

活性化のポイント

ホットラインは実際に職員に活用してもらい、リスク情報の収集システムとして有効に機能させなければ意味がありません。ホットラインを活性化するための留意点は以下のとおりです。

〈1〉目的の明確化と周知徹底

ホットラインの目的は「園の改善」です。園にとってリスク要因となり得る事象を早期に発見し、みずから是正することに意義があります。そのことを園内に周知徹底することが必要です。

〈2〉匿名性の保護

受付段階では、匿名の報告は認めずに、相談者に所属部署と氏名を明らかにすること（顕名）を求めるべきとする考え方と、匿名通報でも受け付けないと、マスコミや行政当局への告発に向かってしまうから受け付けるべきだ、とする考え方があります。

いずれにしても連絡段階の匿名性は徹底して守られなければいけません。受付窓口は、担当部門に連絡する際に相談者の氏名を明かしてはなりません。相談者への「報復」が予測されるからです。

〈3〉「内部ホットライン」と「外部ホットライン」

ホットラインには、組織の内部に受付窓口を設ける内部ホットラインと、法律事務所など外部専門機関に委託して窓口を園外に設ける外部ホットラインという形があります。

内部ホットラインのメリット

・受付担当者が業界や園内の事情に精通しているので相談に対する理解が早いこと

外部ホットラインのメリット

・匿名性や秘密が守られるかという点で相談者の不安を減少させられることができること
・法律やコンプライアンスに関しての専門的な知見を有していること

〈4〉ホットライン利用者の範囲

「園の改善」が目的なので、不適切事象を見聞きする立場にある人を広く利用可能者とすべきです。正職員のほか、元職員・派遣職員・アルバイト・パート職員なども加えましょう。

第4章 職員の不祥事への対応 ⑤

横領やわいせつ事件が発生した時

Q テレビのニュースや新聞報道で、園の職員による横領やわいせつ事件を目にすることがあります。このような事件が自園で起こった場合はどのように対応すればよいでしょうか。

A 早急に法的専門家に相談し、十分に事実関係を確認したうえで、被害者への対応や被害届の提出、職員に対する懲戒処分などを検討します。保護者への説明も必要です。

法的な観点から問題となる事項

園の職員による横領やわいせつ事件が発生してしまった場合、法的には、以下のような点について検討します。

〈1〉被害者への対応

職員がわいせつ事件を起こしてしまった場合、第1に問題となるのは被害者との関係です。問題行為が園の職員としての業務の執行の過程で行われた場合には、園も雇い主としての責任を問われ、損害賠償を求められることになります[*1]。

被害者から園に対して面談を求めてくる場合や法的な請求が行われる場合も想定されるため、事件を認識し次第、すぐに対応を準備しておくべきです。

〈2〉被害届の提出、損害賠償の請求

横領などにより園が損害を受けた場合、問題となる行為を行った職員について、捜査機関に対して被害届を提出するのか、園に生じた損害について賠償を求めるのか、これらの対応が可能かなどを、事実関係を十分に調査したうえで検討します。

〈3〉職員に対する懲戒処分

事実関係を十分に調査したうえで、労働関係法令及び就業規則などにしたがって懲戒処分をくだすことを検討します。

法的専門家の利用

職員の不祥事対応としては、前述のとおり、いくつかの法的問題についての検討が必要となります。これらの対応については専門的な法律知識と事実関係の十分な調査が必要となるため、早急に弁護士などの法的専門家に相談し、対応を検討してください。

保護者への説明

保護者は、園児にもなんらかの問題が生じうるのか、今後の園の利用に影響があるのか、といった点について不安を感じているでしょう。

このため、園は、保護者に対して、不祥事について調査した結果や園の対応方針、今後の園の利用への影響の有無などについて十分に説明し、不安を払拭するよう努めることが重要です。

*1：民法715条

第5章

地域との
かかわり

第5章

I 騒音の苦情への対応

Q ある土地で、新しい園の開設を計画中です。しかし近隣の方々から、騒音被害が生じるので園の開設を断念してほしいと強い要望が来ています。どのように対処するとよいでしょうか。

A 専門家や行政機関に相談のうえ、近隣の住民に対する説明会を行って十分なコミュニケーションをとり、園児の声などの音についての対策を講じるのがよいでしょう。

園から生じる音についての法的なリスク

　一般に、いわゆる騒音については、環境基本法や、環境省と都道府県の告示により地域ごとの環境基準値が定められています。

　この環境基準値を超えた場合にただちに慰謝料などの支払義務が生じるというわけではありません。しかし、近隣住民が園に対して、園児たちの声がこの基準を超える騒音となっており、そのために日常生活に支障をきたした、精神的被害を被った等の理由を主張して、慰謝料や防音設備の設置を求めて訴訟を提起した例があります。そのため、園から生じる音についてはこのようなリスクがあると考える必要があります。

　なお、園から生じる園児たちの声を騒音とはみなさない旨を条例で定めている自治体もあります。しかし、その場合でも、条例で騒音とみなさないということと、慰謝料を請求する裁判の中で問題がないとされることとは必ずしもイコールではありません。そのため、リスクを想定して対応を検討するのがよいでしょう。

対応策について

　対応策として、第1に考えるべきことは、建物の設計における配慮や防音設備の設置により音についての対策をとることです。音の対策は、専門家や行政機関と相談しながら検討するのがよいでしょう。

　そのうえで、近隣住民に対して説明会を開催します。ここでは、園が検討した音についての対策及び、その結果として想定される時間帯ごとの音の程度などを丁寧に説明してください。説明会の場を通じて、近隣住民の質問や要望を聞き、これをフィードバックすることによってよりよい対策を検討することも大切です。

　これらの対策は、音の問題を極小化するだけでなく、近隣住民との信頼関係を構築することにより、その後のトラブルのリスクを減少させる効果も期待できます。

　なお、これらの対策を十分に行っていたことは、近隣住民から騒音訴訟を提起された場合に、園にとってプラスの判断材料となり得ます。そのため、各対策の検討内容や説明会で実際になされた園と近隣住民とのやりとりなどは記録をして、保管しておきましょう。

参考判例

裁判年月日　平成29年2月9日
裁判所名　神戸地裁　裁判区分　判決
事件番号　平26（ワ）1195号
事件名　損害賠償等請求事件
裁判結果　棄却
事案の概要
◇保育園の園児が園庭で遊ぶ際に発する声等の騒音が受忍限度を超えており、日常生活に支障を来し、精神的被害を被っていると主張して、保育園の隣に住む原告が保育園の運営法人に対し、慰謝料100万円と防音設備の設置を求めた。

建築、園庭の建物増築

園の保護者が参加する「オヤジの会」で、園庭にログハウスを建ててくれることになりました。法的にはどのようなことに注意したらよいでしょうか。

ログハウスの工事着工前に建築確認が必要な場合があります。また、園庭の面積など、施設設置基準についても検討してください。また、園が所有者としての工作物責任を負う場合もあります。

建築基準関係規定

ログハウスは、土地に定着する工作物のうち、屋根及び壁を有するものであり、建築基準法上の建築物に該当します*1。

建築地が都市計画区域などの区域内の場合、建築主は、当該工事に着手する前に、その計画が建築基準関係規定に適合するものであることにつき、確認の申請書を提出して建築主事の確認を受け、確認済証の交付を受けなければなりません*2。

また、建築地が都市計画区域などの区域内かどうかにかかわらず、ログハウスの床面積が10平方メートルを超える場合には、建築主は、建築主事を経由して、その旨を都道府県知事に届け出ます*3。

さらには、地域により防火地域等で建築が制限されることもあります。市街化区域の防火地域・準防火地域・法22条区域（屋根不燃区域）などに建てる場合は、防火規定により開口部や屋根などの仕様変更が必要となります。

このため、工事に着手する前に地方公共団体の関係部署に相談しましょう。

施設設備基準

園の種類により、園庭の設置の必要性の有無や面積に基準が設けられています。ログハウスを設置しても、これらの基準を満たしているかどうか、必ず検討してください。

工作物責任

ログハウスに瑕疵（その物が通常備えるべき安全性を欠いていること）、欠陥があるために生じた事故については、第一次的にはその占有者が、占有者が免責される時は第二次的に所有者が責任を負います*4。詳しくは本書28ページをご覧ください。

一般家庭であれば問題なくとも、教育・保育施設の工作物として、子どもたちが使用することを想定した場合に安全性を欠く造りであれば、瑕疵となりますので、建築前には、安全性に欠けるところがないか十分に検討するとともに、教育・保育施設に詳しい専門家に相談してください。

*1：建築基準法2条1号　　*2：建築基準法6条第1項4号　　*3：建築基準法15条1項　　*4：建築基準法717条

III 嫌がらせへの対応

Q 園庭にガラスの破片が投げ込まれたり、無言電話が頻繁にかかってきたりする嫌がらせが起こっています。外遊びや散歩について、近隣の方から苦情が出たことがあるので、その方のしわざかもしれません。どうしたらよいでしょうか。

A 園児の安全の確保を最優先すべく、警察や行政の担当窓口、弁護士などの専門家に相談してください。

嫌がらせについて

本問において、ガラスの破片を投げ込む行為は、刑法上は威力業務妨害罪＊1に、頻繁な無言電話は、態様や受けた職員の被害によっては、威力業務妨害罪＊1や偽計業務妨害罪＊2、場合によっては傷害罪＊3にあたる可能性があります。そして、民法上はどちらも不法行為＊4にあたる可能性が高いです。

相談先について

園には安全配慮義務があり、これを怠ったことにより、園児がけがなどを負った場合には、賠償責任を負います。

園としては、園児の安全を最優先にすべく、一刻も早く、警察に相談してください。被害届を出し、園の周りのパトロールの強化をお願いしましょう。園として、犯人に心当たりがあれば、その理由とともに、細かい事情を警察に説明してください。

園の関係する行政の担当課にも、事情を細かく報告し、講ずべき処置を相談してください。

近隣の方々に嫌がらせをやめていただきたい旨のビラを配ったり、犯人かも知れないと考える方と接触を図ったりして、問題を解決したいと考える場合には、その方が犯人でない可能性や近隣の方の感情を害しないための方策もふまえての慎重な対応が必要であり、弁護士に相談してください。

問題が悪化したり、より深刻な被害が生じたりする前に、とり得る手段はすべてとりましょう。

近隣との付き合い方

「知らない子どもの声は気になるけど、知っている子の声は全く気にならない」という近隣の方の声はよく聞かれます。例えば、散歩の際は、職員や園児は近隣の方々に積極的にあいさつをし、可能であれば行事等に招いて園児たちとふれ合ってもらうことで、苦情が出ないようにする工夫が考えられます。

＊1：刑法234条 ＊2：刑法233条 ＊3：刑法204条 ＊4：刑法709条

［著者］
木元有香（きもと ゆか）
東京大学法学部卒業・東京大学法科大学院修了。2008年弁護士登録。鳥飼総合法律事務所で社会福祉法人・保育施設を担当する。小学校に通う7歳、保育所に通う4歳と2歳の3児の母。2014年保育士資格取得。2018年幼稚園教諭一種免許取得。

本書は2013年4月号〜2017年3月号『保育ナビ』の連載の内容を整理して加筆・修正し、新規原稿を加えて編集したものです。

［企画協力］
桑戸真二（くわと しんじ）
株式会社福祉総研 代表取締役

表紙・本文イラスト／齊藤 恵

編集協力／平賀吟子

保育ナビブック
幼稚園・保育所・認定こども園のための
法律ガイド
2018年6月25日　初版第1刷発行
2018年12月14日　初版第2刷発行

著　者　木元有香
発行者　飯田聡彦
発行所　株式会社フレーベル館
　　　　〒113-8611 東京都文京区本駒込6-14-9
電　話　営業：03-5395-6613
　　　　編集：03-5395-6604
振　替　00190-2-19640
印刷所　株式会社リーブルテック

表紙・本文デザイン　blueJam inc.（茂木弘一郎）

©KIMOTO Yuka 2018
禁無断転載・複写　Printed in Japan
ISBN978-4-577-81450-5　NDC376
80 p／26×18cm

乱丁・落丁本はお取替えいたします。
フレーベル館のホームページ
http://www.froebel-kan.co.jp